COMPETÊNCIA DIGITAL

PARA LÍDERES NÃO TÉCNICOS

Direção editorial: *Eduardo Viegas Meirelles Villela*

Coordenação editorial: *Equipe da EV Publicações*

Revisão e apoio editorial: *Ana Carolina Santin Guerra*

Diagramação e projeto gráfico de miolo: *Marcelo da Paz*

Arte de capa: *Denilson Fedozzi e Marcelo da Paz*

Criação de website: *Denilson Fedozzi*

Dados Internacionais de Catalogação na Publicação (CIP)
Bibliotecária Juliana Farias Motta CRB7/588

N476c Netto, Gustavo

Competência digital: guia prático para acelerar empresas e carreiras com o poder da tecnologia / Gustavo Netto e Cleverson Cassel. — São Paulo: EV Publicações, 2025.

344 p. ; 17 cm x 24 cm.
ISBN: 978-65-87369-45-7

1. Estratégia. 2. Inovação. 3. Orientação profissional. 4. Empreendedorismo. 5. Sucesso nos negócios. I. Cassel, Cleverson. II. Título: guia prático para acelerar empresas e carreiras com o poder da tecnologia

CDD 658

Os pontos de vista da obra são de responsabilidade de seus autores, não refletindo necessariamente a posição da EV Publicações e de sua equipe editorial.

Caso queira adquirir lotes de exemplares do livro, favor entrar em contato via e-mail: eduardo@eduvillela.com ou pelo WhatsApp: (11) 96851-1515.

Para atendimento ao cliente, utilize, por gentileza, os mesmos contatos acima.

GUSTAVO NETTO E C. CASSEL
ESTRATEGISTAS INTERNACIONAIS EM NEGÓCIOS, TECNOLOGIA E INOVAÇÃO

escaneie

AR

COMPETÊNCIA DIGITAL

PARA LÍDERES NÃO TÉCNICOS

GUIA PRÁTICO PARA ACELERAR EMPRESAS E CARREIRAS COM O PODER DA TECNOLOGIA

EV PUBLICAÇÕES

SUMÁRIO

DEDICATÓRIA DE **GUSTAVO NETTO**

Dedico este meu primeiro livro aos meus filhos Nicolas e Victor, meus eternos parceiros no jogo da vida. Assim como no futebol, onde cada lance requer dedicação e disciplina, vocês compreendem a importância desses valores em todas as jornadas da vida.

AGRADECIMENTOS DE **GUSTAVO NETTO**

Agradeço profundamente aos meus mentores que acreditaram no meu potencial, me incentivaram nos momentos mais desafiadores e se tornaram amigos ao longo da minha jornada profissional e pessoal: Adam Bataran, Egídio Lavorgna, Geraldo Tavares, Martha Poulter, Norman Matte e Sigal Zarmi.

Aos meus clientes, colegas e parceiros de negócios, agradeço pela oportunidade de colaborar com suas empresas e utilizar minha expertise para resolver desafios utilizando a tecnologia.

Aos meus pais, José Gustavo Netto e Fanny Regina da Silva, sou eternamente grato por sempre me darem a liberdade para explorar a vida e me ensinarem a importância do investimento na educação.

Aos meus irmãos e tia, que formam a pequena, mas poderosa família Netto: Renata Netto, Rogério Netto e Ivani Netto.

A todos os meus amigos, muitos para listar, mas que sabem quem são. Cada conversa com vocês, que considero verdadeiros amigos, é uma fonte constante de inspiração.

Um agradecimento especial ao nosso consultor literário, Eduardo Villela, e a toda a sua equipe, por suas horas dedicadas a ajudar a transformar este livro em uma obra.

Por fim, agradeço a Deus pela oportunidade de ter cruzado meu caminho com todas essas pessoas maravilhosas, incluindo meus maiores marcos nesta vida, meus filhos Nicolas e Victor, e minha esposa Marcela, que me apoiaram desde o início da ideia até a publicação deste livro.

DEDICATÓRIA DE **C. CASSEL**

Aos meus filhos, Bianca e Lucas: Que este livro seja para vocês um lembrete de que o conhecimento é a maior herança que podemos cultivar. Lembrem-se sempre: os sonhos são as sementes do futuro, e o aprendizado é o solo fértil onde eles florescem. Que suas jornadas sejam ricas em descobertas, e que nunca parem de questionar, aprender e crescer.

A todos os leitores: Que estas páginas inspirem, provoquem reflexões e sejam um convite ao constante aprendizado. O conhecimento é uma luz que, quanto mais compartilhamos, mais brilhante se torna.

Com gratidão e afeto!

AGRADECIMENTOS DE C. CASSEL

A jornada do conhecimento é feita de encontros, e este livro é o resultado de cada pessoa que cruzou meu caminho, deixando sua marca duradoura em minha história.

Aos meus pais, Alberi e Neide Cassel, por plantarem as primeiras sementes do saber e regá-las com amor incondicional.

Aos meus irmãos, Cleberton, Patricia e Daiane, por serem os primeiros companheiros nesta aventura chamada vida.

À minha esposa, Lívia Cassel, minha parceira de alma e suporte inabalável. Você é a força que me impulsiona, o equilíbrio que me centra, e a inspiração que me faz almejar sempre mais. Nossas conquistas são o reflexo de nossa união.

Ao meu amigo e co-autor, Gustavo Netto. Nossa amizade de duas décadas prova que, mesmo quando os caminhos se separam, eles podem se reencontrar para criar algo significativo. Este livro é o fruto de nossa parceria e da paixão compartilhada pelo conhecimento.

A todos que contribuíram, direta ou indiretamente, para a realização deste sonho: minha eterna gratidão. Este livro carrega um pouco de cada um de vocês.

APRESENTAÇÃO

por **Glen Stoffel***

Passei as últimas três décadas ajudando empresas a alavancar tecnologias para transformar seus negócios. Construímos uma consultoria boutique de transformação digital do zero até a vendermos para uma das empresas mais famosas do mundo, a IBM. Você pode se surpreender ao saber que não me considero um especialista em tecnologia. Grande parte do meu tempo é gasto ajudando empresas a ter clareza e estruturar suas estratégias e alinhar suas equipes, para que possam tomar boas decisões sobre como utilizar tecnologias digitais. Meu negócio atual atua na área de GenerativeAI e estamos usando a tecnologia para que consultores facilitem a definição e, em seguida, a execução da transformação digital para seus clientes.

Muitos bons livros foram escritos sobre a experiência do cliente. Títulos que ajudam você a ser claro sobre quem são seus clientes e o que você oferece a eles. Livros que o incentivam a ser curioso sobre o que eles querem e precisam. Livros que o incentivam a ser comunicativo. Sim, você realmente precisa ter diálogo contínuo com seus clientes para que possa contribuir para sua mudança positiva e evolução. No geral, esses livros realmente se concentram em nos orientar a ter ótimos relacionamentos com nossos clientes.

Muitas obras excelentes também foram escritas sobre a experiência do colaborador. Para entregar a Experiência do Cliente ideal, os sistemas, processos, incentivos e cultura que você desenvolve e promove com seus funcionários são o que faz a diferença em manter ou não a promessa de sua marca aos seus clientes. Novamente, esses livros nos incentivam a ser claros com nossos times sobre para onde estamos indo e quais são suas funções para ajudar no alcance da missão do negócio. Eles incentivam a liderança a ser curiosa sobre o que os funcionários querem e precisam. Alguns desses livros nos ensinam como ter conversas críticas com as equipes. No geral, esses títulos incentivam a liderança a ter um ótimo relacionamento com os colaboradores.

O que eu acho mais atraente sobre o livro *Competência Digital* é que, em um momento muito crítico como o atual, os autores desafiam líderes e empresários a abraçar outro relacionamento. O relacionamento pessoal deles e o relacionamento de suas organizações com a tecnologia em si.

Com todos os temas bastante pertinentes que trata, *Competência Digital* entrega orientações muito valiosas de relacionamento entre você e a sua tecnologia. Isso mesmo, eu disse "sua". Isso é pessoal.

Primeira regra, não tenha medo da sua tecnologia. O medo nunca é um bom construtor de relacionamento de longo prazo!

Em seguida, seja claro com o que quer de sua Tecnologia. Clareza do que está acontecendo no seu mercado, clareza da intenção de uso da Tecnologia em seu negócio (estratégia e objetivos), clareza dos seus processos operacionais, clareza das experiências desejadas pelo cliente e pelo funcionário, clareza do que e como você medirá tudo acima. Isso garantirá que sua tecnologia permaneça alinhada com seus objetivos.

A próxima regra de relacionamento é ser curioso sobre sua tecnologia. Sem desculpas! Pense em um Diagrama de Venn com um círculo sendo a Tecnologia e o outro lado sendo os Negócios. Assim como os profissionais de Tecnologia precisam entender os negócios as pessoas de negócios precisam entender a tecnologia. Os futuros vencedores virão dessa intersecção.

Finalmente, esteja familiarizado com sua tecnologia (isso é figurativo e bastante literal ao considerar a trajetória da IA Generativa). Quanto mais você aprender sobre tecnologia, melhores conversas poderá ter sobre o que deseja que ela faça, mais você será capaz de dar novos saltos em sua empresa quando seu mercado, seus negócios ou a própria tecnologia apresentarem a necessidade de mudança.

Se você for claro, curioso e entender o valor estratégico da da tecnologia, assim como souber usá-la de forma adequada, seu negócio se transformará para ser bem melhor. O livro de Gustavo Netto e Cleverson Cassel traz vários exemplos interessantes e ilustrativos de como empresas e seus líderes estão utilizando a tecnologia com sucesso. Você pode aprender muito com essas experiências.

Com o avanço de tecnologias como a Inteligência Artificial Generativa e o Aprendizado de Máquina, está cada vez mais fácil e natural fazer alterações nos sistemas de computador. Em vez de usar códigos complexos de programação, agora podemos interagir com as máquinas usando nossa própria linguagem, como em uma conversa normal. Neste cenário, três aspectos se tornam fundamentais: ter clareza sobre o que você quer mudar no sistema, estar disposto a atualizar sua tecnologia no mesmo ritmo que seu negócio evolui e desenvolver a capacidade de dialogar e tomar decisões bem fundamentadas. No mundo da tecnologia, a mudança é constante. Por isso, você precisa estar preparado para se adaptar e recomeçar quando necessário!

Competência Digital oferece uma abordagem muito pragmática, completa, tangível e oportuna para navegar e aproveitar bem a sua relação com a tecnologia. É um livro que segura você pelas mãos e orienta você sobre como converter a tecnologia num dos principais diferenciais competitivos de sua empresa. Se eu fosse você, começaria a sua leitura o quanto antes!

*__Glen Stoffel__ é co-fundador de múltiplas empresas, incluindo a Bluewolf, uma consultoria de tecnologia adquirida pela IBM e atualmente serve como Chief Strategy Officer da Moonnox em Nova York, empresa de GenAI para consultores.

PREFÁCIO

por **André Akkari***

Curiosidade, vontade incansável e uma certa fascinação por coisas sem limites foram os principais alicerces do porquê me apaixonei tanto por assuntos de tecnologia.

Desde o início da minha vida empreendedora, sempre soube que não teria jeito para ser desenvolvedor, nem a criatividade nem a perspicácia necessárias. Conheci muitos desenvolvedores na minha vida, e eles sempre tiveram uma forma de pensar e resolver problemas ainda mais assertiva e racional do que a minha, e olha que sou jogador profissional de poker, um dos tipos de seres humanos que mais se orgulham de serem lógicos.

Entretanto, aprendi que não precisaria ser profundo em tecnologia, nem desenvolvedor, para poder usufruir dela na minha vida pessoal ou nas minhas empreitadas de negócios. Mesmo assim, sempre andei de mãos dadas, flertando com o que poderia ser algo mais profundo do que apenas o entusiasmo.

Fiz cursos de tecnologia de formas meio simplórias. A cada software novo que nascia, eu era o primeiro a instalar e tentar algo. A cada nova linguagem, eu me entretinha em saber o porquê de ela estar nascendo e como poderia me conectar de alguma forma. Mesmo assim, minha vida empreendedora sempre acontecia de formas mais desconectadas diretamente da tecnologia.

Montei loja de roupas, cursos de futebol, trabalhei na bolsa de valores, e por aí vai. Nenhuma destas experiências deu muito certo, não só porque eu não tinha as habilidades necessárias, mas também porque eu não conseguia as ferramentas certas para fazer dar certo.

Até que um dia conheci dois desenvolvedores fantásticos que me convidaram para sermos sócios em uma produtora digital, desenvolvendo websites, e-commerces e muito mais. Aí sim, era a primeira grande conexão com tecnologia, e foi algo fantástico.

Dali comecei a ver que o que estávamos produzindo e o que estava nascendo poderia mudar o mundo, mudar a forma com que as pessoas faziam negócios, vendiam, compravam, se conectavam. Isto foi em 2002, e dali para frente eu abracei a tecnologia de uma forma fantástica.

Minha grande empreitada veio com o pôquer. Me tornei jogador profissional, ganhei todos os torneios que alguém pode ganhar, mais de 270 na verdade, faturei altas quantias, mas no final, sempre estava conectado com softwares de estudos para evoluir no jogo ou ferramentas de impulsionamento da minha carreira de forma midiática. Sempre apps, softwares, soluções estavam ali.

Em 2016, muitos anos depois, empreendi na FURIA, a maior organização de esportes da América Latina. Foi então que começaram a acontecer coisas pelo mundo ainda mais potentes pelo fator tecnológico. Primeiro, uma invasão de novas ferramentas para o universo de games, novos jogos, novas formas de fazer as pessoas interagirem e competirem, inclusive formas tecnológicas de se ganhar dinheiro através da sua atividade. No passado mais recente, uma avalanche de softwares e soluções de IA que mostram um mundo completamente novo.

Hoje, em tudo o que faço, a tecnologia me cerca. As empresas procuram soluções todos os dias para economia de despesas ou produção de novas linhas de receita. Os departamentos de marketing convivem com o debate de IA quase que 24 horas por dia. Não existe empresa sem app, sem site, sem um ecossistema que possa conectar produtos, serviços e clientes de formas mais eficazes.

Quando recebi o convite para escrever este prefácio, fiquei extremamente feliz por três motivos: primeiro, porque sou apaixonado pelo assunto; segundo, porque os escritores não somente são apaixonados como eu, mas são grandes experts em tecnologia e possuem uma habilidade rara de transmitir seu conhecimento e experiência de uma forma muito acessível, que é o que eles fazem muito bem neste livro. Além disso, são meus grandes amigos; e por último, porque parece que escrevo simplesmente um retrato da minha própria vida, já que andei com a tecnologia a vida inteira.

No início da minha jornada, não havia tantas pessoas interessadas em dividir conhecimento quanto hoje, e este livro é exatamente isso: uma forma que o Cassel e o Gustavo encontraram de não somente compartilhar conhecimento, mas impactar a vida de milhares de pessoas. Com esse livro em mãos, você não precisará levar tantos anos e dar tantas cabeçadas como eu dei para se familiarizar com a tecnologia e descobrir como aplicá-la para melhorar significativamente a sua empresa e o seu dia a dia de trabalho como um todo.

Não somente sugiro que você aproveite o livro, mas recomendo que reconsidere todas as etapas da sua vida, das suas relações, dos seus conhecimentos profissionais, e os conecte com o que eles vão compartilhar com você. Adapte-se e evolua. Busque todas as informações que puder e as integre à sua vida.

Desta forma, acredito que você irá viver os próximos anos em todas as frentes de uma forma muito mais eficaz, saudável e próspera. Inclusive, lhe sobrará muito mais tempo para viver as grandes experiências que todos estamos neste planeta para viver, pois a tecnologia, quando não te conecta com o natural, te oferece tempo livre para isto!

*__André Akkari__ é campeão mundial de pôquer, Co-CEO da FÚRIA e-Sports, é apaixonado por jogos, tecnologia e, acima de tudo, pelo impacto positivo em seres humanos.

INTRODUÇÃO

Ao escrevermos este livro, pensamos principalmente em nos comunicar com pessoas que são proprietárias de pequenas e médias empresas, as quais ainda operam com modelos tradicionais e veem uma grande oportunidade de utilizar a tecnologia para aprimorar seus empreendimentos e participar dessa nova era da economia digital.

Também pensamos em executivos, gestores, diretores e profissionais em posições de liderança que sonham em empreender por conta própria, mas que, por algum motivo pessoal, sentem receio, especialmente em relação à tecnologia. Muitas vezes, eles possuem a experiência e os recursos necessários para iniciar suas próprias empresas, mas, por falta de conhecimento, ficam paralisados.

O terceiro público para este livro é composto por gestores de diferentes áreas da empresa que desconhecem as oportunidades que a tecnologia pode trazer para suas atividades e, consequentemente, para alcançar melhores resultados. Ao não investirem no conhecimento tecnológico ao longo dos anos, eles estão limitando seu próprio crescimento e sendo ultrapassados por aqueles que já estão familiarizados com as tendências mais atuais no mercado.

PÚBLICO	DESCRIÇÃO
Proprietários de pequenas e médias empresas	Operam seus negócios de forma tradicional, com aplicação limitada de tecnologia, e enxergam oportunidades de crescimento caso realizem uma transformação digital
Executivos, gestores, diretores e profissionais em posições de liderança	Sonham em empreender por conta própria, mas sentem receio, especialmente em relação à tecnologia
Gestores de diferentes áreas da empresa	Desconhecem as oportunidades que a tecnologia pode trazer para suas atividades e alcançar melhores resultados

E por que decidimos escrever sobre tudo isso para esses grupos? Porque estamos vivenciando algo único na história: uma revolução digital. Se já não precisamos mais provar que a tecnologia é importante — isso já é consenso —, agora estamos testemunhando a tecnologia transformar todos os setores e tipos de negócios, desde os pequenos até os grandes. As pessoas já estão convencidas de que precisam participar desse movimento e têm receio de ficar para trás. A única questão é: por onde começar?

O INÍCIO

Essa dúvida se tornou uma grande inquietação para nós. Queríamos oferecer orientação a quem precisa de um norte para saber o que fazer em primeiro lugar. Com base nas experiências e convicções que moldaram nosso percurso como empreendedores no Brasil e nos Estados Unidos, compreendemos que poderíamos contribuir com uma perspectiva única, a partir dos desafios e sucessos vivenciados em mais de duas décadas morando em solo americano — onde a tecnologia é um dos pilares de sustentação da economia e da própria vida privada.

Nossa mútua paixão pela tecnologia desempenhou um papel fundamental nessa decisão. Acreditamos sinceramente que a tecnologia tem o poder de impulsionar o progresso da humanidade, transformando vidas e promovendo inovações significativas. Ao compartilhar nossas experiências, insights e aprendizados, buscamos não apenas disseminar conhecimento, mas também proporcionar oportunidades para que outros possam trilhar caminhos semelhantes de crescimento e realização.

Vale dizer ainda que nossa motivação também se origina da generosidade que recebemos ao longo de nossa jornada empreendedora. Tivemos a sorte de aprender com profissionais inspiradores e valiosas redes de apoio. Ao escrever este livro, desejamos retribuir esse legado, oferecendo aos leitores a orientação necessária para enfrentar os desafios de um mundo de negócios imerso em uma cultura cada vez mais digital.

Nosso propósito, portanto, é guiar cada leitor na criação de sua própria jornada de transformação digital de modo acessível e didático. Vamos desmistificar a ideia de que utilizar tecnologia é algo complexo e reservado a poucos. Por meio de exemplos reais de pequenos negócios que já se digitalizaram, mostraremos o quão possível é desenvolver e aprimorar a competência digital, tornando as empresas e carreiras mais competitivas, com processos mais inteligentes.

A **TRANSFORMAÇÃO** DIGITAL

As maiores oportunidades estão nos negócios existentes. Portanto, é crucial perceber que melhorias por meio da tecnologia nos processos das diversas áreas de uma empresa e no relacionamento com os clientes devem fazer parte da estratégia para conquistar novos mercados e fazer crescer algo já existente — ou mesmo sobreviver,

> **“A TRANSFORMAÇÃO DIGITAL SERVE PARA MELHORAR A CULTURA, OS PROCESSOS E AS OPERAÇÕES DE UMA EMPRESA, TORNANDO-A MAIS COMPETITIVA.”**

em algumas situações mais drásticas. Mas, afinal, o que é transformação digital?

Como qualquer transformação, é passar de um estágio para o outro. Nesse caso, implica sair de uma condição que envolve processos manuais, repetitivos e ineficientes a um estágio de estrutura inteligente, utilizando a tecnologia como pilar fundamental. Ampliando essa definição, a transformação digital serve para melhorar a cultura, os processos e as operações de uma empresa, tornando-a mais competitiva. Ela permite que as empresas se tornem mais ágeis, eficientes e orientadas a dados, otimizando a experiência do cliente e criando oportunidades de crescimento.

Embora as pessoas estejam familiarizadas com a tecnologia em suas vidas pessoais, a realidade, especialmente no Brasil, ainda revela a existência de muitas pequenas e médias empresas que não estão digitalizadas e fazem uso limitado da tecnologia. Na prática, trata-se de um paradoxo real: os empreendedores e líderes de negócios reconhecem a necessidade de se reinventar e utilizar a tecnologia, querem participar dessa evolução, mas se veem perdidos, sem saber como fazer essa transição, por onde devem começar sua jornada.

Nosso objetivo aqui é aproximar você da tecnologia de maneira positiva, permitindo que transforme suas ambições em resultados de negócios tangíveis. A maioria dos empreendedores e líderes de empresas possui ideias sólidas, um profundo entendimento do mercado, paixão pelo que fazem e uma conexão significativa com seus clientes. Porém, muitas vezes, existe uma lacuna entre essas ideias e a implementação prática.

Ainda persiste, infelizmente, um mito considerável de que é necessário ser um astronauta da Nasa para dar os primeiros passos nesse sentido. Vamos mostrar aqui alguns caminhos para quem deseja começar, em passos leves, a desenvolver a competência digital, ainda que não saiba nada de programação.

Nosso ponto de partida neste livro é transformar a abordagem das pessoas e das pequenas e médias empresas em relação ao uso das tecnologias digitais em seus negócios e carreiras. Ficaremos extremamente satisfeitos se conseguirmos despertar, em nossos leitores, o interesse de explorar cada vez mais a fundo esse assunto, adotar uma mentalidade diferenciada e, acima de tudo, aplicar essas ferramentas em seus empreendimentos e trajetórias profissionais para gerar resultados sólidos e consistentes.

Para isso, vamos usar uma linguagem simples e acessível, apresentando exemplos práticos de negócios de diversos segmentos. Queremos mostrar como as empresas podem alcançar grandes objetivos desde que compreendam claramente os problemas que precisam de solução.

Como você vai perceber nos próximos capítulos, vamos entregar uma experiência imersiva e diferente do modelo tradicional. Você será convidado a experimentar uma combinação de leitura textual no papel, no seu e-reader ou aplicativo de leitura de e-books com informações digitais, por meio de QR-codes que proporcionarão uma ampliação do conteúdo proposto.

UM **GUIA** PARA A **JORNADA**

Para orientar você nesta jornada de transformação e facilitar a compreensão da leitura, dividimos o conteúdo em blocos. No primeiro, abordamos a presença onipresente da tecnologia na vida contemporânea, destacando que ela já faz parte do seu cotidiano em algum nível. Exploramos os primeiros passos para você superar medos e resistências em integrá-la à sua carreira e negócios. O objetivo aqui é iniciarmos a sua caminhada de alfabetização digital em direção ao desenvolvimento do que chamamos de competência digital, que é a capacidade de você usar e aplicar a tecnologia em suas atividades diárias de negócios.

“O OBJETIVO AQUI É INICIARMOS A SUA CAMINHADA DE ALFABETIZAÇÃO DIGITAL EM DIREÇÃO AO DESENVOLVIMENTO DO QUE CHAMAMOS DE COMPETÊNCIA DIGITAL”

No segundo bloco, falamos sobre a necessidade de preparar o seu modelo mental e o de sua equipe para a digitalização dos negócios. Destacamos a importância de transformar a cultura organizacional, ganhar o comprometimento do time e escolher as tecnologias certas para impulsionar a transformação digital. Examinamos ainda como as grandes empresas têm desenvolvido esse processo, identificando oportunidades valiosas, e elencamos tecnologias essenciais para ficar atualizado e estratégias inovadoras para pensar e agir de maneira diferenciada.

No terceiro bloco, trazemos uma abordagem pragmática, que explora o uso efetivo da tecnologia para impulsionar resultados em diversas áreas da empresa, como vendas, marketing, relacionamento com clientes, desempenho operacional, produção, logística e finanças, passando por temas como inteligência artificial, suas aplicações e o papel de consultores especializados para auxiliar você e seu time na digitalização da empresa.

No último bloco, destacamos tendências já presentes e cruciais para você, leitor. Vamos explicar a importância crítica da cibersegurança e proteção de dados, muitas vezes negligenciadas pelas empresas, e explorar a realidade do trabalho remoto, uma tendência consolidada que continua a evoluir, principalmente o papel da Inteligência Artificial, que vem se tornando um fator de empolgação e medo para muitos empreendedores, gestores e funcionários. Além disso, apresentamos tecnologias emergentes, suas aplicações práticas no cotidiano das pessoas e nos negócios.

Em todas as partes, porém, está presente a necessidade de desenvolver uma cultura inovadora dentro das empresas e a importância de dominar os processos fundamentais para cada atividade. Sem isso, não é possível conhecer os próprios problemas e saber como a tecnologia pode trazer qualquer solução.

Nossa mensagem final é que cada leitor deve construir sua própria competência digital, alinhada às necessidades do negócio, capacitando-se por meio da cultura, comunicação, facilitação e mapeamento de processos. Isso garantirá um funcionamento tranquilo e eficiente para suas operações e sua carreira.

Por fim, queremos registrar que este livro é uma expressão do nosso desejo de deixar um legado duradouro. Queremos contribuir para o desenvolvimento de empreendedores, líderes e inovadores, capacitando-os a moldar seu próprio destino e, assim, influenciar positivamente o mundo ao seu redor. Este livro é um testemunho de nossa jornada e uma oferta de inspiração para aqueles que buscam alcançar seus próprios objetivos e deixar uma marca significativa no cenário empresarial.

Boa leitura!

PARTE 1 |

VOCÊ E SUA **RELAÇÃO** COM A **TECNOLOGIA**

1

CAPÍTULO **1**

A PRESENÇA DA **TECNOLOGIA** NA SUA **VIDA**

A PRESENÇA DA **TECNOLOGIA** NA SUA **VIDA**

1

Estamos rodeados por ferramentas, dispositivos e recursos tecnológicos por todos os lados. Como num passe de mágica, o carro do aplicativo chega ao destino, a comida quentinha vem devidamente embalada na porta de casa, e a transferência de uma conta para outra demora poucos segundos para ser concluída com sucesso.

Esse cenário, que há apenas poucas décadas parecia fazer parte de um filme futurista, tornou-se algo corriqueiro no dia a dia de milhões de pessoas ao redor do mundo. Hoje, é difícil imaginar a vida cotidiana sem a presença da internet e dos aparelhos de smartphone, que conectam tudo e todos ao mesmo tempo a partir de qualquer lugar.

Vendo através dessa perspectiva, a tecnologia parece estar limitada à digitalização das coisas e à tecnologia da informação. No entanto, ao voltarmos milhares de anos na história da humanidade, vamos lembrar que a criação da roda, para as antigas sociedades que habitavam a Terra, foi uma invenção tecnológica que revolucionou o modo como os homens e mulheres manipulavam as cerâmicas — sim, esse foi o primeiro uso prático da roda há cerca de 3.500 anos a.C., ou seja, há 5.500 anos — e deu o pontapé para milhares de inovações que vieram na sequência.

QUE A TECNOLOGIA DIGITAL NADA MAIS É DO QUE UMA FERRAMENTA CRIADA PARA RESOLVER ALGUM PROBLEMA ESPECÍFICO E TORNAR PRÁTICAS CORRIQUEIRAS MAIS EFICIENTES, SEJA NOS ESTUDOS, NO TRABALHO OU MESMO NA VIDA DOMÉSTICA.

Fizemos essa volta no tempo para mostrar que, se nos afastarmos do imaginário contemporâneo que associa a tecnologia digital a software e hardware, Inteligência Artificial, robôs, algoritmos e afins, podemos concluir que a tecnologia digital nada mais é do que uma ferramenta criada para resolver algum problema específico e tornar práticas corriqueiras mais eficientes, seja nos estudos, no trabalho ou mesmo na vida doméstica.

Sob nosso ponto de vista, portanto, a tecnologia está intrinsecamente associada à própria evolução humana. Enquanto sociedade, somos movidos pelo desejo de acumular prazer e evitar a dor. Nessa equação, vivemos em busca de resolver nossos conflitos e dificuldades e tornar o cotidiano mais fácil, e a tecnologia digital chegou para acelerar e trazer as comodidades que buscamos.

Foi assim que saímos do estágio de civilização primitiva e realizamos milhares de revoluções que nos trouxeram até aqui, à era da tecnologia digital, que derrubou não somente as fronteiras geográficas como nos faz, a cada segundo, rever o jeito como solucionamos os problemas — alguns dos quais ainda desconhecidos.

O celular de uso pessoal, por exemplo, foi criado para resolver uma questão de comunicação. Como poderíamos falar com alguém à distância, de maneira simples, rápida e em qualquer tempo ou espaço? A solução veio através da tecnologia celular: torres foram erguidas para se comunicarem com uma central de dados. Utilizando células e transceptores, elas transmitem informações em forma de voz, convertendo ondas de rádio de dispositivos móveis em sinais audíveis.

O resto dessa história, você já conhece: os celulares evoluíram de tal modo que se transformaram em computadores portáteis cuja menor utilidade atualmente parecem ser as chamadas de voz — "só ligue se necessário" virou quase um código de etiqueta para muita gente. Nesse caso, porque o problema a ser resolvido passou a ser outro: a portabilidade das informações.

> "A TECNOLOGIA DIGITAL CHEGOU PARA ACELERAR E TRAZER AS COMODIDADES QUE BUSCAMOS."

Quando olhamos para qualquer tecnologia, portanto, hoje ou daqui a trinta anos, a primeira pergunta a ser feita para entendê-la é: qual problema ela solucionou em seu tempo?

A **TECNOLOGIA** TRAZ MAIS **BENEFÍCIOS** OU **MAIS** PROBLEMAS?

Nessa discussão, muitas vezes se levanta uma questão contraditória. Se a tecnologia vem para trazer soluções, por que às vezes temos a impressão de que o resultado alcançado foi exatamente o oposto?

Vamos pensar, por exemplo, na popularização da computação. No passado, dizia-se que aqueles equipamentos antes impensáveis iriam ajudar os profissionais a fazer seus trabalhos de maneira tão rápida que o tempo extra seria usado para ser vivido em família. Esse foi o tema, inclusive, de uma clássica propaganda da IBM na década de 1990 sobre o PS1, que sugeria ser um computador doméstico ideal, fácil de usar, com o poder de rodar software para seu negócio a um valor acessível.

> PREMISSA BÁSICA DA TECNOLOGIA EM TORNAR A NOSSA VIDA MELHOR, POIS ENTREGARAM A SOLUÇÃO DAQUILO A QUE SE PROPUSERAM. TRATA-SE MAIS DE UM CASO DE DESVIO NA UTILIZAÇÃO

O que sabemos, porém, é que essa pretensão não vingou na prática. Pelo contrário, as pessoas hoje trabalham muito mais do que antes, embora recursos e soluções de várias naturezas sejam acessíveis e aplicados com relativa facilidade e agilidade no dia a dia das mais diversas áreas profissionais.

Vivemos nos Estados Unidos desde o começo dos anos 2000, embora estejamos sempre no Brasil pois temos negócios em ambos os países. Quando chegamos nos Estados Unidos, fazer ligações telefônicas aos nossos familiares no Brasil custava caro e era muito tedioso e manual. Tínhamos que ir até a loja de conveniência da esquina, às vezes debaixo de neve, comprar um cartão telefônico de $5 a $20, voltar para casa, e do telefone fixo, ligar para um número 0800, teclar o número do cartão e finalmente teclar o código do país, cidade e telefone a ser chamado. Caso o telefone estivesse desocupado, completávamos com sucesso a ligação, sempre esperançosos de que não teríamos eco ou qualquer interferência na linha.

Passadas duas décadas, aplicativos de mensagem instantânea e aparelhos de smartphones se tornaram protagonistas desse tipo de debate. Fala-se que, sobretudo após a pandemia de Covid-19 — que abriu as portas do mundo para o trabalho remoto —, o canal de comunicação se tornou um questionamento para as pessoas buscarem o equilíbrio entre a vida pessoal e profissional, pois se antes o expediente costumava ter hora para começar e encerrar, agora as pessoas precisam estar disponíveis o tempo inteiro, reféns da própria invenção.

Ambos os exemplos, contudo, não se configuram como um desvio na premissa básica da tecnologia em tornar a nossa vida melhor, pois entregaram a solução daquilo a que se propuseram. Trata-se mais de um caso de desvio na utilização, fruto da aceleração da vida moderna e de uma série de outros fatores sociais, aos quais não nos interessa aprofundar aqui.

Nosso foco não está em defender o uso da tecnologia a qualquer custo — o mesmo princípio da energia nuclear pode ser utilizado em uma bomba atômica e em aparelhos de ressonância magnética —, mas em explorar como sua capacidade resolutiva transformou o mundo em que vivemos e do qual não podemos escapar. Afinal, somos todos, em menor ou maior grau, impactados por essas soluções que, de maneira ampla, trouxeram mais avanços e benefícios do que o contrário.

A **TECNOLOGIA** NA SUA EMPRESA OU NO **CONTEXTO** DO SEU **TRABALHO**

A tecnologia está no dia a dia, nos detalhes, nas miudezas do cotidiano e em todos os segmentos profissionais. Se mergulharmos no passado recente, poderemos ver como sua aplicação mudou a realidade das empresas, tornando processos complexos e antes impensados em atividades comuns, corriqueiras e acessíveis para empresas de todos os portes. Vamos resgatar alguns desses avanços?

Para começar, podemos puxar da memória a lembrança dos antigos e gigantescos departamentos de contabilidade, nos quais várias pessoas eram necessárias para realizar registros em livros físicos e organizar manualmente e diariamente milhares de arquivos e informações. Hoje, o trabalho contábil feito com o apoio da tecnologia funciona em estruturas muito mais enxutas, com entregas mais eficientes e menor exposição ao erro humano.

"E os profissionais que perdem seus empregos com a adoção dessas inovações?". Esta é uma pergunta que sempre surge nesse momento do debate. Falaremos disso mais adiante, entretanto adiantamos que os empregos sim serão substituídos por máquinas e o capital humano será reaproveitado de uma nova maneira do que é hoje. O que está acontecendo, como tem acontecido no decorrer da era moderna desde a introdução dos computadores, é a adaptação e mescla entre humanos e máquinas. Por isso, temos como objetivo trazer, nos próximos capítulos, sugestões e ideias sempre dando ênfase à importância da criatividade, inovação e execução para criar novas oportunidades na era digital.

Isso significa que, para sobrevivermos em qualquer área, mais do que nunca é fundamental desenvolver habilidades digitais e competências básicas para manipular recursos, ferramentas, aparelhos e sistemas criados para nos auxiliar a desenvolver nossas atividades de maneira mais eficiente, assertiva, rápida e, se possível, com menor custo.

Voltemos, porém, ao passado. Ao olharmos para trás, conseguimos identificar com clareza aquele que talvez tenha sido o maior impacto trazido pela tecnologia nas últimas décadas, pois permeia todos os setores da vida, seja em âmbito pessoal ou profissional: a ampliação nas nossas possibilidades de comunicação. Hoje, nos comunicamos com qualquer indivíduo ou empresa de qualquer lugar em tempo real e com baixíssimo custo.

No universo empreendedor, essa facilidade representou um avanço gigantesco no relacionamento entre todas as partes envolvidas no negócio. Colaboradores, fornecedores, parceiros comerciais e clientes passaram a se comunicar com mais qualidade. Telefone, e-mail, chats online, aplicativos de mensagens, atendimento virtual: os meios de contato se multiplicaram — e se multiplicam dia a dia —, aproximando interesses e interessados.

Para o consumidor na ponta, ter acesso direto a alguém que responda suas dúvidas rapidamente se tornou um diferencial competitivo, impactando não apenas na reputação das empresas, como em seu potencial de expansão. Essa realidade se traduziu em um crescimento imenso dos resultados gerados pelas áreas de marketing e vendas, pois permitiu que esses setores se tornassem mais eficientes em identificar os desejos do público e entregar produtos e soluções cada vez mais direcionados para um target muito bem definido.

Sua empresa quer vender apenas carros verdes para apaixonados por carros verdes? Por meio da inteligência dos algoritmos e do marketing digital, você facilmente consegue anunciar seu produto apenas para esse nicho em qualquer parte do mundo. Isso se tornou possível com o desenvolvimento tecnológico da análise de dados, que consegue cruzar informações com agilidade e fornecer subsídios para tornar as vendas mais assertivas.

Imagine, por exemplo, que você tenta entrar em contato com seu cliente em cinco diferentes ocasiões e em nenhuma delas consegue falar com ele. No entanto, pelo seu mapeamento interno, você já sabe que, para aquele determinado perfil de cliente, cerca de 30% das vendas só se concretizam por volta da décima ligação. Você, portanto, sabe que desistir antes disso pode significar uma queda no seu faturamento, por isso insiste. E não faz isso manualmente, pois o marketing digital e a automação planejam esses pontos de contato e calculam o instante certo de fazer a abordagem da forma certa.

Isso é análise de dados: otimizar os processos com base em evidências reais e aplicáveis na prática. E com a tecnologia, essa ciência se tornou uma grande aliada do universo empreendedor, que pode aproveitar esse conhecimento sobretudo no e-commerce, uma das maiores revoluções da vida contemporânea, responsável por derrubar barreiras geográficas entre vendedores e clientes. Do menor artesão que oferta seus produtos nas redes sociais às grandes multinacionais varejistas que entregam seus itens em qualquer lugar do planeta, as oportunidades, viabilizadas pela tecnologia, abriram e expandiram os mercados.

Nesse aspecto, a tecnologia foi uma grande aliada dos processos logísticos, pois impactou em todas as etapas da cadeia, sobretudo na eficiência de produção, na redução brutal da necessidade de manutenção de grandes estoques e nas melhorias das entregas, uma vez que hoje podemos rastrear em tempo real o status das remessas e garantir uma melhor experiência aos clientes.

Para que isso rode da maneira correta, no entanto, foi (e é) necessário investir em muita educação e treinamento dos envolvidos no negócio; da alta gestão às equipes da base, todos tiveram (e têm) de aprender a utilizar os recursos disponíveis em diferentes níveis. E, mais uma vez, a tecnologia se mostrou uma grande aliada, pois tornou o acesso ao conhecimento mais eficiente e democrático, sendo a internet um grande celeiro para quem busca aprendizado em qualquer área. Esta realidade enfatiza a necessidade e importância crítica do aprendizado contínuo em tecnologia, não apenas como uma ferramenta para melhoria operacional, mas como um pilar essencial para a inovação, competitividade e sucesso sustentável em um mundo cada vez mais digitalizado.

O **DESAFIO** DA VIRADA

A segurança do trabalho, a eficiência energética, a portabilidade dos dados: todos esses segmentos — e tantos outros — evoluíram vertiginosamente com o suporte da tecnologia, resolvendo problemas e trazendo ganhos muitas vezes incalculáveis. Claro que, por trás disso, sempre esteve a criatividade humana que, por sua vez, também é afetada por essa revolução tecnológica.

Ao ficarmos mais livres dos problemas, ganhamos tempo para investir em novas ideias, executar novos planos, novas soluções para outras questões, seja em qualquer tipo ou tamanho de negócio. E com os recursos que temos à mão, não precisamos mais começar projetos do zero; podemos buscar as melhores práticas do mundo inteiro para acelerar a criatividade das nossas equipes e transformar esse conhecimento em algo que faça sentido para a nossa realidade.

Se, por exemplo, sabemos que vamos precisar desenhar um novo modelo de negócios para nossa empresa porque estamos prevendo uma estagnação em médio prazo, podemos analisar tendências de mercado e nos modernizar sem precisar voltar ao estágio inicial. Muito provavelmente alguém já fez esse trabalho antes e a tecnologia nos dá possibilidades de acessá-lo e traduzi-lo, acionando a criatividade que nos é única e intransferível.

Estamos caminhando, portanto, para uma economia de execução, que é talvez o maior desafio da maioria dos empreendedores: sabem o que devem fazer e possuem ferramentas à disposição, mas precisam contar com pessoas que saibam transformar tudo isso em resultados reais.

Já não cabe mais, nos tempos atuais, a figura do empreendedor que se coloca como centro das atenções. Seu papel deve ser comandar a empresa para que o negócio rode (e cresça!), inclusive, sem sua presença. O negócio deve ser maior do que ele mesmo. Essa é a maior e mais difícil virada.

E a tecnologia precisa ser uma protagonista dessa transformação. Porque estamos permeados de dores e problemas que podem ser solucionados com agilidade e eficiência inimagináveis décadas atrás. Como dissemos no início deste capítulo, a tecnologia está em todos os lugares ao mesmo tempo; está no delivery das lanchonetes, nas aulas das escolas, nos caixas dos supermercados, nos escritórios e nos postos de gasolina.

Vamos fazer mais um processo de imaginação: hoje, a dona de um salão de beleza em São Paulo (SP) pode contar com um aplicativo para agendar clientes; o recepcionista de um hotel em Porto de Galinhas (PE) opera o fluxo de hóspedes por um sistema de controle; o garçom de um restaurante em Curitiba (PR) recebe os pedidos dos clientes por meio de um tablet.

Sabe o dono da mercearia da esquina? Para otimizar seu pequeno negócio, ele também precisará de um sistema de controle de vendas, estoque, compras e pagamento. Quem sabe até um aplicativo para receber pedidos e organizar as entregas. Se ele não tiver, certamente seu concorrente terá. Adivinhe quem terá mais chances de vender para toda a vizinhança?

Esse cenário já é real — e está longe de ser um bicho de sete cabeças. Há um grande potencial a ser explorado e infinitas possibilidades plausíveis de viver essa transformação digital com leveza. Nosso propósito neste livro é ajudar você a identificar as dores dessa jornada e mostrar que, embora talvez não se sinta preparado para viver isso na prática, o caminho pode ser mais simples do que você pensa.

Mas por que há tanto medo e desconforto quando o assunto é a tecnologia? Esse é o assunto do próximo capítulo. Nós vamos te ajudar a superar isso!

A tecnologia está presente em todos os aspectos da vida cotidiana, transformando desde a forma como nos comunicamos até

como conduzimos negócios. Neste capítulo, exploramos a trajetória das ferramentas digitais, destacando como elas transformaram desafios cotidianos em soluções inovadoras ao longo da história. Essa evolução contínua não apenas redefine nossas práticas diárias, mas também molda o futuro dos negócios e da sociedade.

Continue seu aprendizado sobre Competência Digital online.

2

CAPÍTULO **2**

POR QUE HÁ TANTO **MEDO** E **DESCONFORTO** QUANDO O **ASSUNTO É** TECNOLOGIA?

POR QUE HÁ TANTO **MEDO** E **DESCONFORTO** QUANDO O **ASSUNTO É** TECNOLOGIA?

2

Por mais que a tecnologia seja uma realidade e esteja presente em diversos dispositivos do nosso dia a dia, ainda é comum um certo distanciamento entre as pessoas e o universo tecnológico. São corriqueiras as cenas de gente com receio de desconfigurar algo no smartphone, de danificar a TV, de apagar algo importante no computador.

Por que evoluímos tanto em diversos aspectos, mas esse tipo de medo ainda permanece? Se já sabemos que o mercado, cada dia mais, exige habilidades digitais dos profissionais de todas as áreas, por que ainda há muitos que ficam preocupados em se tornarem obsoletos e não acreditam que podem aprender a usar a tecnologia em seu próprio favor? Ou: de onde vem a resistência de mergulhar fundo na transformação digital, principalmente em se tratando das gerações que não nasceram em um mundo já conectado?

Entender as causas disso é o primeiro passo para desmistificar o assunto e mostrar que há variadas maneiras de driblar esse desconforto. Neste capítulo, vamos desmontar, um por um, os principais mitos e crenças equivocadas que afastam as pessoas da tecnologia, apresentando explicações (e soluções) aplicáveis na vida real.

De imediato, vamos responder a essas perguntas acima com uma única palavra. O medo e a resistência ao uso da tecnologia vêm do

> O DESCONHECIDO É UM TERRENO INSEGURO E, NA MAIORIA DAS VEZES, PREFERIMOS NÃO CORRER RISCOS.

desconhecimento, um comportamento natural do ser humano que, diante de algo que não compreende, tende a se assustar e a resistir. Por alguma razão, cremos que o desconhecido é um terreno inseguro e, na maioria das vezes, preferimos não correr riscos.

Essa resistência e medo valem não somente para a tecnologia como para qualquer outro assunto. Podemos citar como exemplo a área de finanças. Durante décadas, os brasileiros acreditaram que lidar com investimentos fosse uma prática para pouquíssimos privilegiados e especialistas. Bolsa de valores, fundos de ações, etc.: tudo isso era um terreno nebuloso que afastava a sociedade desse mercado.

Com o tempo, porém — e sobretudo com a ajuda da internet, que democratizou o acesso à informação —, mais pessoas começaram a se interessar por finanças e a estudar o tema. Nos últimos anos, houve um boom de livros, sites, vídeos, lives e cursos específicos, encorajando muita gente a perder o medo e a começar a investir. Segundo uma reportagem da revista Exame, o número de investidores na bolsa cresceu 5 vezes nos últimos 10 anos.

A tecnologia está em pleno curso dessa jornada, mas entendemos que o caminho é longo, pois há muitas crenças que ainda precisam ser derrubadas para despertar a curiosidade das pessoas e o desejo pela aprendizagem.

> HÁ MUITAS CRENÇAS QUE AINDA PRECISAM SER DERRUBADAS PARA DESPERTAR A CURIOSIDADE DAS PESSOAS E O DESEJO PELA APRENDIZAGEM.

Talvez uma das razões para essa resistência à tecnologia venha da época em que os computadores começaram a ganhar espaço em nosso cotidiano. Dos filmes de ficção científica para a vida real, as máquinas chegaram sem avisar e sem pedir licença. Nessa época, as antigas telas pretas em DOS (Disk Operating System ou Sistema Operacional de Disco), a linguagem original em inglês, os códigos cifrados passando na tela não eram nada amigáveis. Firmou-se, portanto, o imaginário de que a tecnologia era coisa para programadores, nerds ou pessoas de alto QI.

Esse cenário mudou um pouco no dia 20 de novembro de 1985, com o lançamento do sistema operacional Windows. O famoso sistema operacional da Microsoft transformou os códigos chatos e complexos em um ambiente atrativo, com design mais visual e navegação mais simples e intuitiva, o que representou um grande impacto no interesse das pessoas pela tecnologia, principalmente na geração mais jovem. A Apple havia lançado o primeiro computador pessoal com interface gráfica de usuário, o Lisa, em 19 de janeiro de 1983, também com o objetivo de simplificar o uso do computador para o usuário comum.

Tanta novidade, no entanto, foi demais para quem não entendia o que estava por trás das telas e se assustava com a modernidade. "E se eu mexer em algo no computador e fizer alguma besteira?": esse era o sentimento de inúmeras pessoas, que se sentiam intimidadas diante de um universo completamente novo.

Embora tenhamos evoluído bastante desde então, as raízes daquela época permanecem vivas de alguma maneira, alimentando visões de que a tecnologia é complexa e para poucos. A única maneira de ultrapassar essa barreira, reforçamos aqui, é por meio do conhecimento. As pessoas que resistem à tecnologia talvez ainda não tenham tido contato com informações que dialoguem com seu universo e falem sua linguagem.

"AS PESSOAS QUE RESISTEM À TECNOLOGIA TALVEZ AINDA NÃO TENHAM TIDO CONTATO COM INFORMAÇÕES QUE DIALOGUEM COM SEU UNIVERSO E FALEM SUA LINGUAGEM."

E o melhor jeito de contribuirmos para esse processo é mostrando as aplicabilidades práticas que podemos alcançar. O barato da tecnologia é que não precisamos sequer falar sobre ideias conceituais, mas demonstrar para o que de fato ela serve.

Quanto mais nos aproximarmos da tecnologia, passaremos a interagir mais com ela no dia a dia e veremos na prática como ela pode facilitar e melhorar nossas vidas. Começaremos a ver sentido em algo que considerávamos difícil e inacessível. Assim, naturalmente, o medo vai diminuindo. Costumamos brincar que, se uma imagem vale mais que mil palavras, uma demonstração em vídeo, explicando como fazer algo, vale mais do que mil imagens.

CONSTANTES **TRANSFORMAÇÕES**

Ao lado do desconhecimento por essência, há outras crenças que afastam muitos de nós da tecnologia. No mundo dos negócios, milhares de empreendedores continuam resistindo a soluções que trariam um alto nível de avanço nos processos por acreditarem em premissas baseadas unicamente no imaginário coletivo. Sendo mais simplistas: puro achismo.

Nossa proposta aqui é desmistificar essas "verdades absolutas" repetidas mundo afora, embora ninguém saiba exatamente como elas se disseminam. A primeira delas é sobre as constantes transformações da tecnologia. Não é raro escutarmos empreendedores dizendo frases como: "Tudo muda rápido demais. Vou investir em algo que logo estará ultrapassado? Não, melhor não mexer em time que está ganhando".

Esse tipo de pensamento não está de todo errado. Sim, é verdade que a tecnologia vive em estado de permanente evolução. Mas não é somente ela. Vivemos em uma sociedade cada vez mais acelerada. Essa característica contemporânea, claro, carrega em si aspectos positivos e outros nem tanto. Uma unanimidade, porém, é sabermos que, se mudanças podem ser assustadoras, por outro lado, podem trazer oportunidades de crescimento e aprendizado.

O que mais nos atrai na tecnologia é justamente essa movimentação *ad infinitum*. Nunca gostamos de fazer a mesma coisa do mesmo jeito por termos a convicção de que sempre há uma maneira de ir além. Somos seres de criatividade, de curiosidade para encontrar soluções e enfrentar desafios. Quando escutamos alguém dizer que se considera "travado" pelas constantes mudanças da tecnologia, compartilhamos o seguinte pensamento:

— Se a tecnologia é puro movimento, podemos nos movimentar com ela e evoluir; aprender coisas novas, implementar inovações e crescer. Quer dominar o mercado? Faça da tecnologia uma aliada.

"Ah, mas tudo isso é muito complexo", costumam devolver. Nesse momento, o melhor a fazer é concordar. Porque, sim, a tecnologia é complexa e não podemos minimizar esse aspecto. Entretanto, quando se começa a entender seus fundamentos, essa complexidade deixa de ser um dificultador.

Não significa dizer que tudo fica simples da noite para o dia, mas que o apetite ao conhecimento determina as curvas de aprendizado — e isso vale para estudos de qualquer natureza; do nível mais básico de usuário ao mais avançado, quem dita essa evolução é você. A única exigência é ser curioso e não ter medo de se deparar com o novo.

TECNOLOGIA É MUITO **CARO!**

Eis aqui mais um mito sobre a tecnologia, sobretudo entre empreendedores de pequeno e médio porte. Para comentar esse tópico, vamos considerar a seguinte situação: imagine que um hacker invada sua conta de e-mail, na qual você tem arquivadas mensagens importantes, e sequestre seus dados, solicitando um pagamento de resgate para devolver o acesso. Quanto isso custaria para você? Essa é a lógica para determinar que valor você atribui às coisas e quanto considera investir nelas.

Agora vamos pensar pelo lado oposto: a perda. A tecnologia pode ajudar a proteger sua empresa, aumentar suas vendas e ganhar escala. Ao renunciar a isso, o que você deixa de ganhar? Se no final da equação, houver mais perdas do que ganhos, você vai precisar investir em tecnologia e deixar de enxergar essa conta como um custo. E já adiantamos que não é preciso começar esse processo de maneira grandiosa ou fora da sua realidade. Basta um passo de cada vez.

Qualquer empreendedor que deseje utilizar a tecnologia a seu favor precisa conhecer o próprio tamanho e calcular um orçamento que comporte suas necessidades e recursos disponíveis. Hoje em dia, segundo a Gartner, a maior provedora de serviços de pesquisa para empresas do setor de tecnologia da informação (TI), as grandes empresas destinam de 3% a 8% de seus orçamentos à transformação de TI em relação à sua receita. Esse investimento abrange mudanças de infraestrutura, como nuvem, hardware, software, e gerenciamento de dados e rede de computadores. Quando se trata de transformação digital, que aplica todas estas ferramentas e abrange todas as áreas da empresa, o orçamento tende a ser maior. Isso se deve ao fato de que, na ponta do lápis, as empresas conseguem medir o retorno desse investimento. O mais importante, contudo, não é o montante de dinheiro, mas mudar a mentalidade de “isso é caro” para “isso é um investimento essencial e viável”.

INSEGURANÇA E DEPENDÊNCIA

Vazamento de dados, hackers, golpes virtuais: essas são algumas das justificativas de quem resiste à tecnologia pelo fator insegurança. Pode parecer incrível, porém ainda há empresas que mantêm pesados arquivos físicos porque consideram arriscado demais operar de maneira digital.

Nesse ponto, temos uma concordância e uma divergência. Concordamos que precisamos mesmo ter um certo medo dessas possibilidades, pois são reais e passíveis de acontecer com qualquer um. Todo mundo conhece alguém que teve sua conta roubada, cartão clonado ou uma experiência negativa no ambiente digital — o e-commerce, quando surgiu, foi um terreno fértil para esse tipo de situação, principalmente para os usuários desatentos.

Por outro lado, temos atualmente um ambiente tecnológico muito mais maduro, tanto em termos de processos quanto na condição de usuários. A internet, por exemplo, não é "terra de ninguém", como escutávamos com certa frequência no passado. Já existem leis, ferramentas, barreiras de proteção e, inclusive, um olhar mais atento sobre os riscos e como mitigá-los.

No cotidiano, dentro de casa ou das empresas, devemos, sim, nos cercar de medidas de prevenção contra os perigos e incertezas passíveis de acontecer devido à tecnologia — chamamos isso de "forma positiva de análise de risco" —, no entanto, não devemos nos curvar ao medo e abdicar de seus incontáveis benefícios.

Outro ponto de resistência é sobre como a tecnologia pode paralisar uma empresa. Há empreendedores que se sentem inseguros para usar certos recursos e sistemas por acreditarem que podem perder o controle dos seus processos caso algo saia diferente do esperado.

Apesar de sermos entusiastas da tecnologia, concordamos com essa visão. A premissa básica da tecnologia, como dissemos no início deste livro, é prover soluções para problemas específicos; se há alguma possibilidade de falha nessa equação, a empresa deve estar preparada para se manter em operação.

Eu, Cassel, sou sócio e presidente de uma empresa que realiza transações financeiras. Nesse negócio, a continuidade e a confiabilidade das operações são essenciais. Para garantir a máxima disponibilidade e evitar interrupções, utilizamos soluções avançadas em nuvem, proporcionando redundância e prevenindo situações desagradáveis.

Transformação digital não é sinônimo de contratar dezenas de ferramentas e substituir pessoas. O objetivo final deve ser sempre ajudar o seu time a fazer melhor aquilo que ele já faz. E isso só é possível se quem estiver na liderança de um negócio entender seus próprios processos de ponta a ponta e olhar para a empresa de um modo estratégico, fazendo as perguntas corretas: "Que áreas eu posso automatizar? Que atividades posso acelerar por meio da tecnologia? Onde posso aumentar a segurança?" Se não tiver condições para atuar com essa mentalidade, você certamente terá virado refém da operação de sua própria empresa.

SOBRE PERDER O MEDO

Vimos que há diferentes medos rondando empreendedores ainda inseguros em mergulhar na tecnologia — alguns desses receios, como já explicamos, são bastante compreensíveis. Embora não exista uma receita única para quebrar essa resistência, há uma que pode até soar simplista demais, contudo é o início de uma jornada que pode ser leve e bem-sucedida: voltar a ser criança.

Crianças são naturalmente curiosas. Elas não têm medo do novo, de brincar, mexer, montar e desmontar. Os pequenos se arriscam, ousam, experimentam sem julgamentos. E se você tentasse começar a agir dessa maneira diante de uma tecnologia que ainda lhe causa temor?

Escolha algo que desperte sua curiosidade e, caso dominasse, traria a você alguma vantagem. Pode ser um sistema, um aplicativo, uma linguagem ou o próprio computador. Entenda o que isso faz e busque conhecer um pouco mais. Não é necessário cursar um doutorado ou ler uma coleção inteira de livros. Foque no que é essencial, assista tutoriais em vídeos e, o mais importante, coloque a mão na massa.

Se você tem uma loja de roupas, por exemplo, experimente usar um CRM (*Customer Relationship Manager* ou Sistema de Atendimento ao Cliente) gratuito e veja como ele pode te ajudar a gerir melhor sua carteira de clientes e a fidelizá-los.

Se você é um médico, nutricionista ou outro profissional da área de saúde, você pode, por exemplo, usar uma plataforma de telemedicina para atender seus pacientes à distância. Para complementar esse atendimento, pode utilizar uma ferramenta de geração e envio de receitas digitais.

Dê a si mesmo permissão para "brincar", testando as soluções sem qualquer compromisso. Aos poucos, você vai compreender melhor as funcionalidades e avaliar se aquilo serve ou não para você. Se um dia você não sabe nada, no seguinte já aprendeu o básico, vai se sentir motivado a continuar em frente e sem pressa.

Às vezes, tudo o que a gente precisa é de um pequeno empurrão. É como se matricular numa aula particular de violão e ter vontade de, todos os dias, dedilhar o instrumento com prazer. Essa escolha, porém, deve ser pessoal e intransferível; deve vir do desejo de ir além e cumprir um propósito — qual é o seu? O alfabetismo digital, acredite, é para todos. No próximo capítulo e nos demais, você vai entender o grande valor que a tecnologia pode trazer para os seus negócios e se preparar para dar os primeiros passos.

Por mais que a tecnologia seja uma realidade constante, muitos ainda sentem um distanciamento e até medo de interagir com o universo tecnológico. Neste capítulo desvendamos as origens dessa ansiedade, desmantelando mitos e corrigindo equívocos comuns que afastam as pessoas da tecnologia. Ao entender que o medo muitas vezes vem do desconhecimento, estamos preparados para superar essa barreira com conhecimento e prática, demonstrando que a tecnologia, quando compreendida, pode ser uma poderosa aliada na nossa vida cotidiana e profissional.

Continue seu aprendizado online.

CAPÍTULO **3**

COMO MUDAR A SUA **FORMA** DE **PENSAR** E **AGIR** EM RELAÇÃO À **TECNOLOGIA** E SAIR DO ANALFABETISMO **DIGITAL**

COMO MUDAR A SUA **FORMA** DE **PENSAR** E **AGIR** EM RELAÇÃO À **TECNOLOGIA** E SAIR DO ANALFABETISMO **DIGITAL**

3

No capítulo anterior, trouxemos algumas explicações sobre as origens do desconforto das pessoas com o uso da tecnologia. Como dissemos, um dos principais fatores para essa resistência é o medo de se expor ao aprendizado e acreditar que apenas astronautas da NASA conseguem lidar bem com a tecnologia no dia a dia.

Para vencer essa barreira, portanto, o primeiro passo é aceitar que a tecnologia já está ao alcance de todos nós. E não precisa ir longe para percebermos isso: basta colocar um smartphone na mão de uma criança. Sem medo, ela vai agir intuitivamente e descobrir algo interessante naquele pequeno aparelho cheio de cores, funcionalidades e comandos.

Isso acontece porque, ao contrário dos adultos, a criança aprende fazendo. Ela não tem medo de errar ou age limitada pela crença de que vai fazer algo errado ou quebrar algum aparelho. *Para ilustrar bem essa diferença, eu Gustavo lembra de minha avó:*

Eu costumava lavar o carro na frente de casa, ouvindo música. Algumas vezes, ia embora e esquecia o rádio de casa ligado. Quando voltava, encontrava o aparelho ligado, porém sem volume. Uma vez perguntei à minha avó por que ela não o desligava. Ela disse que tinha medo de fazer algo errado, porque a única coisa que tinha aprendido era abaixar o volume.

O segundo passo para vencer esse medo de desligar o rádio é ter em mente que a tecnologia existe para resolver problemas. Pergunte-se quais são as situações em que você precisa de ajuda e, o mais importante, se está disposto a se aprofundar nelas.

No caso específico de empreendedores e gestores, as questões a serem respondidas são: "Quais são as áreas em que eu tenho mais dificuldade de gerenciar na minha empresa? Quais são meus maiores desafios em termos de processos operacionais? Que ferramentas e recursos já existem para me auxiliar a resolver essas questões e me tornar um líder melhor?"

A curiosidade deve ser seu pontapé para buscar conhecimento e começar a testar a tecnologia na prática, com a consciência de que a curva de aprendizado de cada pessoa é única. Uns levam menos tempo e aprendem com mais facilidade; já outros precisam de um pouco mais de tempo e esforço. O que vai levar você para o nível seguinte é o quanto se dedicou no anterior. O fato é que todos nós podemos aprender e evoluir em nossa relação com a tecnologia. E teremos muito a ganhar, como veremos ao longo dos capítulos.

Uma das formas mais simples de começar a entender a tecnologia é pesquisar como ela funciona. Para isso, existem vários caminhos e a internet está cheia deles. Para algo muito simples, às vezes o entendimento vem de um vídeo. Nos buscadores, há inúmeros tutoriais ensinando sobre praticamente tudo. Se a necessidade, porém, for ter domínio completo sobre determinado tipo de tecnologia, talvez seja preciso um treinamento especializado. Tudo depende do nível de profundidade que você quer alcançar.

Vamos pensar na seguinte situação: você deseja construir uma casa, mas conta apenas com pregos, serrote e martelo em sua caixa de ferramentas. Esses são os instrumentos à sua disposição. É possível atingir seu objetivo? Sim, no entanto, com esses recursos, você estará limitado em termos de qualidade e velocidade. Caso tivesse à mão tecnologias mais sofisticadas, certamente teria como resultado uma casa mais resistente e bem-acabada, construída num tempo menor de obra.

> QUE TECNOLOGIAS VOCÊ TEM NA SUA "CAIXA DE FERRAMENTAS" PARA ENTREGAR MELHORES PRODUTOS E SERVIÇOS COM MAIS QUALIDADE, AGILIDADE E MENOR CUSTO?

Acontece, entretanto, que você não domina os processos e ferramentas mais modernos de construção. O que você tem que fazer, então, é buscar caminhos que levem ao aprendizado. A lógica vale para o mundo dos negócios: que tecnologias você tem na sua "caixa de ferramentas" para entregar melhores produtos e serviços com mais qualidade, agilidade e menor custo? O que você precisa aprender para colocar a inovação em prática? Ao se dispor a viver essa jornada, você terá mais chances de melhorar processos e crescer.

Muita gente empaca nessa encruzilhada porque internalizou o pensamento de que perdeu o bonde do tempo e já não é mais possível acompanhar a evolução da tecnologia. O que elas não compreendem é que basta começar a destravar as primeiras fases para avançar nesse jogo. Porque, na maioria dos casos, todo o arsenal necessário para resolver seus principais problemas provavelmente já foi pensado e desenvolvido por alguém. O desafio, portanto, é avaliar e decidir quais dessas ferramentas vão ajudar a 'construir a melhor casa' — e ir em busca delas.

O **VAZAMENTO** DA PIA

Não é preciso ser um programador ou especialista para entender de tecnologia. Por outro lado, tampouco é possível realizar uma transformação digital em uma empresa sem entender quais são as possibilidades disponíveis. Voltando para a metáfora da casa, é como contratar um encanador para consertar um vazamento na pia.

Digamos que o prestador de serviços chegue ao local, avalie o problema e apresente o diagnóstico: trata-se de uma falha estrutural no encanamento que vai custar R$ 10 mil, pelo menos um mês de trabalho e alguns períodos sem água na casa. Caso não saiba nada sobre o funcionamento hidráulico, você jamais terá condição de discutir com o profissional se aquela é a única e melhor solução. Certamente terá que aceitar a avaliação sem muita convicção de que fez a escolha certa.

Por outro lado, você pode até não saber nada, mas pode tentar entender o problema para ter um nível básico de conhecimento. Para isso, vale conversar com alguém que já enfrentou problema parecido ou até fazer uma busca na internet e descobrir outras soluções para situações semelhantes.

Parece simplista dizer isso, contudo, não se trata de querer saber tudo sobre todas as coisas, o que, obviamente, é impossível. Você não terá de se tornar um encanador certificado em vazamento de pias de cozinha para resolver o seu problema — foi para isso que você contratou um profissional especializado. O que você precisa é ter condições suficientes para entender onde está investindo e assim avaliar melhor que decisões tomará, quais as oportunidades e riscos envolvidos, como será feito o gerenciamento do desafio e quais os resultados esperados.

Costumamos usar o exemplo do encanamento como analogia no mundo da tecnologia porque, quando falamos de infraestrutura de tecnologia, estamos falando dos canos que alguém desenhou. Por trás deles, houve uma estratégia e um planejamento para determinar o fluxo da água, o melhor lugar para a bomba, os possíveis locais de vazamento.

A arquitetura da tecnologia nada mais é, portanto, do que tubos e conexões entre servidores, máquinas e usuários. Para gerenciar essa engenharia, o líder não precisa ser o encanador que sabe cortar um cano, mas conhecer o papel de cada pessoa envolvida na execução das ações. Em outras palavras, você terá de entender o que aquela tecnologia específica está resolvendo em sua empresa. E como fazer isso na prática? Entendendo bem seus processos.

IF **STATEMENT**

O trabalho de um programador é criar comandos para serem executados pelas máquinas. Nosso conceito básico é o "*if statement*". Ou: "se isso acontecer, faça isso; caso contrário, faça aquilo". Falando de modo mais objetivo, quando você precisa de alguma solução tecnológica para seu negócio, tem que entender e visualizar, passo a passo, o fluxo de seus processos. Nosso papel é analisar essa cadeia de ações e entender onde estão as oportunidades de melhoria com o uso de uma ou mais tecnologias para uma execução mais eficiente. O pensamento analítico, nesse caso, é a primeira e mais importante etapa.

Vamos tomar como exemplo uma pequena empresa de arquitetura e design de interiores, cujos principais serviços oferecidos são prestar assessoria para quem deseja construir e reformar residências, assim como tornar o ambiente de casas e apartamentos mais confortável, funcional e seguro. Seus maiores clientes são pessoas que contratam projetos completos de construção, reforma ou remodelação de ambientes sem a necessidade de obras. Há, todavia, uma pequena parcela de clientes que deseja apenas receber uma rápida orientação para uma pequena reforma de um único cômodo ou melhorar a decoração da sala — um tipo de consultoria que se conclui em uma ou duas reuniões e o pagamento é cobrado por hora.

Atualmente, para ter acesso a esse serviço, o cliente interessado entra em contato com a empresa pelo formulário do site ou diretamente pelo telefone do escritório, em caso de indicação de pessoas conhecidas. Nessa primeira conversa, a pessoa explica qual é a sua necessidade e recebe informações sobre horários de atendimento e valores. Caso haja a efetivação do acordo, o cliente e o arquiteto agendam a reunião. O pagamento pelo serviço só é realizado após o(s) encontro(s), caso a proposta seja aprovada.

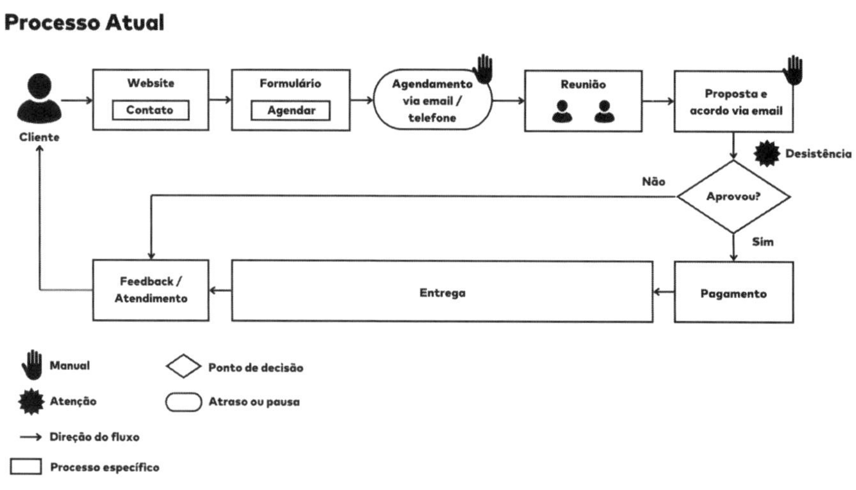

Quando analisamos esse processo da empresa, identificamos a existência de etapas desnecessárias de contato entre o cliente em potencial e o arquiteto, o que resulta em desperdício de tempo e pouco impacto positivo no faturamento do negócio. Como a tecnologia poderia ajudar nesse caso, de maneira a simplificar o fluxo e tornar a experiência do cliente mais satisfatória?

A solução seria criar um botão de "Agende sua consultoria" no site ou nas mídias sociais da empresa, direcionando o usuário para uma explicação detalhada sobre o serviço e uma rápida pesquisa sobre o que ele pretende. O clique em seguida cai direto na agenda do arquiteto. O cliente, então, seleciona a data e horário do atendimento que lhe convém e é encaminhado para a página de pagamento, que pode ser feito via cartão de crédito, Pix ou boleto. No dia programado, a reunião é realizada em formato presencial ou remoto, conforme também escolhido pelo cliente no site do escritório de arquitetura e design de interiores.

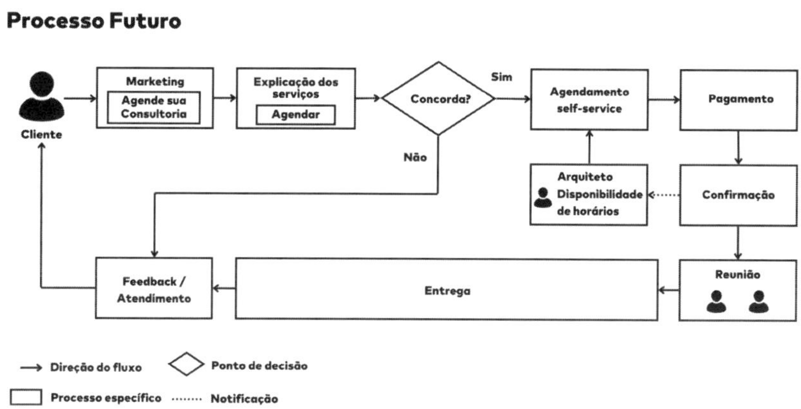

Veja que todas as tecnologias mencionadas no exemplo acima (site e soluções para agendamento e pagamento on-line) há muito estão disponíveis no mercado e algumas são oferecidas até gratuitamente.

Esse é um exemplo clássico de como mudar a maneira como pensamos os processos interfere na transformação digital. Até chegar a uma solução tecnológica, é fundamental fazer o exercício básico de avaliar cada etapa de seus processos e entender quais dores podemos resolver. Somente depois de cumprida essa fase, podemos nos questionar: como podemos redesenhar esse processo de modo a torná-lo mais linear, mais rápido e mais eficiente?

> PRATICAMENTE TODAS AS FERRAMENTAS E TECNOLOGIAS NECESSÁRIAS PARA A IMPLANTAÇÃO DESSE NOVO MODELO JÁ ESTÃO DISPONÍVEIS NA

No caso acima, de posse das informações prévias geradas pelo cliente, vimos que é possível diminuir ruídos na comunicação entre as partes e gerenciar melhor as expectativas. Se a experiência terminar sendo positiva para o usuário, talvez ele venha a se interessar por uma assessoria mais qualificada e contrate o escritório para um projeto completo de reforma — um dos serviços que gera maior ticket para a empresa. E tudo isso, sem que nenhum recurso inovador tenha que ser desenvolvido, pois, como dissemos, praticamente todas as ferramentas e tecnologias necessárias para a implantação desse novo modelo já estão disponíveis na internet.

KPIS	ANTES	DEPOIS
Tempo de Resposta ao Cliente	Desde o primeiro contato do cliente até a resposta inicial	Desde o clique no botão "Agende sua consultoria" até a confirmação do agendamento
Taxa de Conversão	% de consultas iniciais que se convertem em reuniões agendadas	% de usuários que clicam em "Agende sua consultoria" e efetivamente finalizam o agendamento e o pagamento
Satisfação do Cliente	Satisfação do cliente após a conclusão do serviço para avaliar a experiência geral, incluindo facilidade de agendamento, pagamento e qualidade da consultoria	
Número de Consultorias Realizadas	Número mensal de consultorias realizadas antes e depois da implementação da solução tecnológica	
Eficiência do Processamento de Pagamentos	Tempo médio para processar pagamentos antes e depois da implantação da solução	
Taxa de Cancelamento e Reagendamento	% Porcentagem de consultorias canceladas ou re-agendadas antes e depois da introdução do agendamento online	
Alcance de Novos Clientes	Número de novos clientes adquiridos mensalmente, para avaliar se a nova plataforma digital está atraindo mais clientes	

COMO **SUPERAR** O ANALFABETISMO **DIGITAL**

Como dissemos no início deste livro, a tecnologia causa tanto receio num bom número de pessoas que elas têm até medo de procurar o que querem aprender. No entanto, muitas já usam a tecnologia e não têm sequer consciência disso. Hoje o ambiente digital já não é mais um grande estranho como era no passado, quando havia cursos e mais cursos de informática ensinando o básico da computação, que era mexer no mouse e aprender o essencial para usar o sistema operacional de um PC.

Hoje essas etapas foram superadas, sobretudo devido à disseminação da telefonia celular e dos smartphones. Inclusive pessoas de idade mais avançada, que não nasceram em um mundo conectado e tiveram menos tempo para assimilar essas inovações, também são plenamente capazes de utilizar aplicativos de bancos, enviar mensagens, assistir vídeos em plataformas de compartilhamento de vídeos, interagir nas redes sociais e pesquisar informações em buscadores. Se essa barreira inicial já tiver sido vencida, a pessoa se tornou um usuário de tecnologia e não pode mais ser considerada analfabeta digital.

Há, porém, vários empreendedores e gestores que insistem em se enxergar de maneira limitada e estão deixando de usufruir de todos os benefícios que a tecnologia poderia trazer para alavancar seus negócios. São pessoas que não se permitem ir mais longe porque, em determinado momento da vida, acreditaram que não poderiam aprender além do que já sabem.

A transição para a transformação digital, nesses casos, tem que começar a partir do lado de dentro do indivíduo. Se alguém se considera analfabeto em algo — de culinária à mecânica, não importa a área — em algum momento, se desejar sair dessa inércia, vai ter que se dar a oportunidade de se aventurar no novo. Dizer a si mesmo

Cinco Estágios para o Desenvolvimento de Sua Competência Digital

Este framework oferece um caminho claro para o desenvolvimento de habilidades digitais, incentivando a curiosidade, a prática e o investimento contínuo em aprendizado. Ele destaca a importância de uma abordagem prática e direta na interação com a tecnologia, proporcionando uma jornada de crescimento e desenvolvimento no mundo digital.

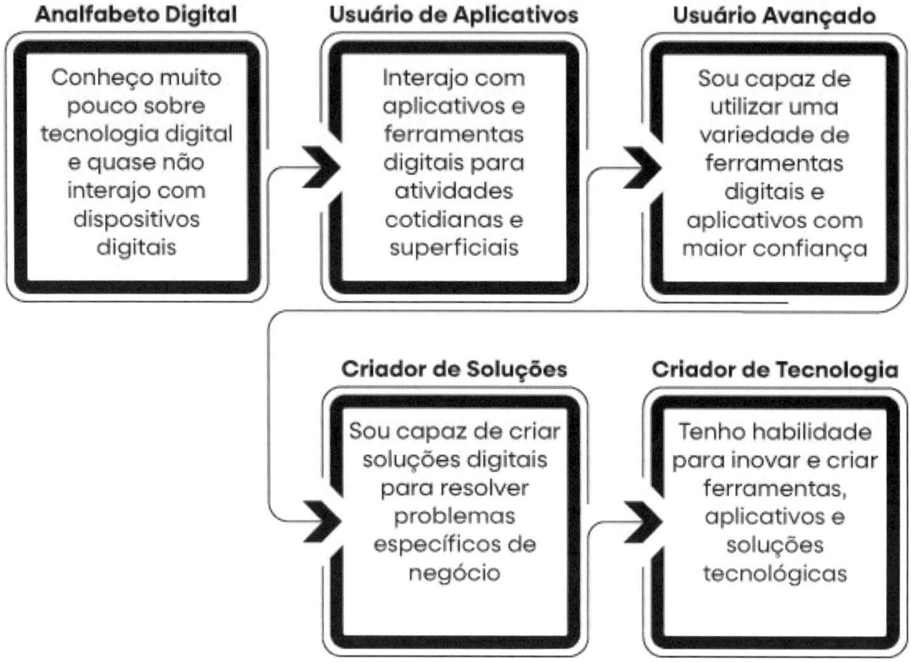

“VOU ME PERMITIR A INVESTIR EM MIM, A ENTENDER E TESTAR ISSO QUE NÃO CONHEÇO” É VIRAR UMA CHAVE QUE NINGUÉM MAIS PODE GIRAR.

“vou me permitir a investir em mim, a entender e testar isso que não conheço” é virar uma chave que ninguém mais pode girar.

A partir dessa decisão, cabe a cada um explorar o universo desejado do jeito que lhe for mais confortável. E isso inclui pedir ajuda, fazer cursos, ler livros ou mergulhar na internet. Sem pressa, sem descanso, sem se comparar com ninguém e comemorando cada baby step dessa jornada de aprendizagem.

No fim das contas, seu maior adversário não é outro usuário ou empresa mais avançada em termos de tecnologia: é você mesmo parado no tempo sem fazer nada. Porque não importa como o outro time vai jogar. Se você não souber se movimentar, não será capaz de enxergar oportunidades de crescimento, atrair novos talentos e criar na sua empresa uma cultura voltada à inovação. Mas isso já é assunto para o próximo capítulo.

Para vencer a barreira do medo tecnológico, é fundamental reconhecer que a tecnologia está ao alcance de todos. Neste capítulo abordamos como mudar nossa forma de pensar e agir em relação à tecnologia, partindo da aceitação que qualquer um pode interagir com ela intuitivamente, assim como uma criança explorando um smartphone pela primeira vez. Discutimos estratégias para transformar a ansiedade em curiosidade e o desconforto em competência digital, capacitando todos a usar a tecnologia de maneira eficaz e confiante em suas vidas e carreiras.

Continue seu aprendizado online.

PARTE 2 |

A **PREPARAÇÃO** DO SEU **TIME** E DA SUA **EMPRESA** PARA A **TRANSFORMAÇÃO DIGITAL** (CONSTRUÇÃO DE UM **NOVO** MODELO MENTAL)

4

CAPÍTULO **4**

A **IMPORTÂNCIA** DE SE TER UMA **CULTURA** DE DIGITALIZAÇÃO E **INOVAÇÃO**

A **IMPORTÂNCIA** DE SE TER UMA **CULTURA** DE DIGITALIZAÇÃO E **INOVAÇÃO**

4

O que antes era visto como um diferencial competitivo se tornou uma questão de sobrevivência: chegamos a um tempo no qual a cultura da digitalização e inovação precisa estar no DNA das empresas, sejam elas pequenas, médias ou grandes. Quem não entender que precisará mapear e melhorar processos, olhar para o mercado e incorporar tecnologias, pensar e desenvolver novas soluções para as dores de seus clientes, certamente acabará defasado e ficará para trás diante da concorrência.

Essa transformação tem que começar na liderança. São as cabeças à frente do negócio que pavimentam o caminho de quem faz a roda girar. Sem incentivo para a mudança, as equipes não darão o primeiro passo nessa direção. E esse é um dos maiores erros que os empreendedores e seus gestores podem cometer: deixar as pessoas sob seu comando sem uma visão clara de futuro, sem saber aonde chegar — e o que será necessário para cumprir a jornada.

Um exemplo clássico e emblemático, muito comentado quando se fala sobre "perder o bonde da inovação", é o caso da Kodak. A gigante americana da indústria fotográfica, fundada em 1888, passou anos dominando o mercado de filmes, câmeras e materiais para revelação de fotos, enfrentando pouca resistência de seus concorrentes.

> A CULTURA DA DIGITALIZAÇÃO E INOVAÇÃO PRECISA ESTAR NO DNA DAS EMPRESA

Em 1975, Steven Sasson, engenheiro da companhia, inventou a câmera digital. Apesar de revolucionário, o protótipo não foi aceito pela liderança, que considerou que o novo produto poderia canibalizar o mercado de filmes analógicos. Anos depois, porém, as câmeras digitais produzidas por outras marcas ganharam cada vez mais força em todo o mundo — e esse foi um caminho sem volta.

Por confiar demais no potencial do antigo negócio, a Kodak não deu a devida importância ao novo cenário e demorou a perceber a perda de espaço. Quando os acionistas controladores e a alta liderança da companhia se deram conta do erro, já era tarde demais. A partir de 1997, as receitas da companhia despencaram e, em 2012, a empresa abriu pedido de falência.

Do outro lado, nomes como Fuji, Canon e Sony viram o cavalo selado passando e decidiram investir na novidade das câmeras digitais. O resultado vocês devem lembrar: essas empresas, em pouco tempo, dominaram o mercado de fotografia e viram seus resultados crescerem vertiginosamente, inclusive com a abertura do mercado para novos produtos ligados ao ecossistema da fotografia. Anos mais tarde, Steve Jobs e a Apple disruptariam novamente o mercado com o lançamento do iPhone, levando as câmeras digitais a perder grande parte do bolo para os smartphones.

LENDO OS **SINAIS** DO **MERCADO**

O que podemos aprender com esse exemplo? Em primeiro lugar, que não dá para ignorar as mensagens do mercado. Se há uma tendência apontando para o desejo dos consumidores, as empresas precisam estudar e compreender esses sinais. Em segundo lugar, esse caso nos lembra que a tecnologia serve para resolver problemas. Esse deveria ser o objetivo principal de toda empresa: trazer soluções para sanar as dores de seus clientes.

Partindo desse princípio, podemos afirmar que qualquer companhia tem que empoderar suas equipes para viver essa cultura na prática; incentivar os profissionais a saber resolver problemas e estar sempre pensando em soluções com o foco em oferecer ao consumidor final a melhor experiência. Quando o ambiente corporativo é pautado por esses valores, todos querem fazer parte desse propósito.

A Kodak, como vimos, perdeu receitas, lucros e valor de mercado porque, antes disso, perdeu seu propósito; a organização se deu por satisfeita ao achar que tinha encontrado uma solução perfeita no segmento da fotografia e parou de observar o mundo e o surgimento de novos anseios.

Em resumo, não percebeu que outras necessidades estavam nascendo e suas respostas haviam ficado obsoletas, criando uma distância dos desejos de seu público, sedento pela novidade das fotos reproduzidas nas telas.

Em 2013, durante uma apresentação intitulada "Mudando Mentalidades" ("*Shifting Mindsets*" em inglês), Gustavo ilustrou como, na GE Capital (braço financeiro da General Electric que chegou a ser o maior banco comercial do mundo), os times utilizavam insights de mercado e tecnologia para analisar internamente e identificar brechas no mercado. Essas brechas eram transformadas em oportunidades, e então trabalhavam com os clientes para validá-las e criar soluções conjuntas.

Esta abordagem destaca a importância da estratégia para compreender as 'dores' dos clientes, identificar oportunidades de crescimento e como construir soluções digitais. A apresentação está disponível com legendas em português através do link.

"IN" **VERSUS** "ON"

As empresas que têm sucesso na transformação digital entendem seu propósito; sabem que terão de passar por esse processo não por uma mera visão interna de se modernizar, mas por exigência do próprio mercado.

Boa parte dos empreendedores e gestores ainda não consegue aceitar essa lógica. Esses líderes permanecem presos dentro das paredes de seus escritórios, não se mantêm suficientemente próximos de seus clientes e, muitas vezes, tomam decisões sem uma boa clareza da própria estratégia e acabam deixando de usufruir das vantagens que a tecnologia poderia trazer para o centro de seus planos de crescimento.

Como já dissemos, muitos patinam ou ficam imóveis por acreditar que o processo de transformação digital é complexo, caro ou inacessível. No entanto, se desejarem manter seus negócios competitivos e evoluindo no mercado, terão que enfrentar o medo e internalizar essa cultura de modo que os colaboradores sejam impactados pelo desejo de inovação. E mais do que isso: que todos se sintam provocados e motivados a ir além daquilo que conhecem e busquem mais conhecimento e mais soluções para resolver os problemas dos clientes da empresa.

Os melhores profissionais são aqueles que têm essa inquietação natural de sempre aprender e desenvolver algo novo: eles se interessam pelo que fazem, se esforçam para saber mais, têm curiosidade de fazer descobertas; querem aperfeiçoar os processos e desenvolver melhorias em produtos e serviços. Esse valor tem sido disputado pelas empresas de todos os segmentos, pois sabem que dessa proatividade individual surgem ideias valiosas e diferenciais competitivos que deixarão a concorrência para trás.

Em 2014, Gustavo participou de uma reunião executiva estratégica da GE Capital. A grande questão era onde investir diante de tantas tecnologias e projetos de inovação que a empresa testava em todos os setores. Em conversa com a *Chief Information Officer* (CIO), ela perguntou para a equipe da qual Gustavo fazia parte: "Se investirmos um milhão de dólares, onde seria e como mostraríamos o retorno desse dinheiro?" Gustavo relembra:

Sabíamos que, em nossos negócios, coletávamos muitos dados de nossos clientes e comprávamos muitos dados de terceiros para maior inteligência e visibilidade dos nossos negócios. O ponto que

> "OS MELHORES PROFISSIONAIS SÃO AQUELES QUE TÊM ESSA INQUIETAÇÃO NATURAL DE SEMPRE APRENDER E DESENVOLVER ALGO NOVO"

faltava no processo era uma interação com essas informações de forma simples e visual. O resultado foi investir na tecnologia Geospacial, onde unificávamos dados e mostrávamos em um mapa uma série de insights nunca vistos antes. Investimos $1.5M e, em menos de 18 meses, influenciamos mais de $75M em vendas em apenas um segmento. Um dos líderes um dia disse: "Eu penso dessa forma visual, mas nunca havia tido acesso a essas informações assim."

Para chegar a esse nível de colaboração e resultados, todos nós da equipe tínhamos que despertar a curiosidade em várias camadas, desde entender a dor de nossos clientes externamente, nossos líderes internamente, as ferramentas disponíveis no mercado, até a vontade de resolver um problema real de forma inovadora.

Os empreendedores americanos costumam repetir uma frase que diz: "If you work in the business, you have no time to work on the business" (Se você trabalha dentro do negócio, não tem tempo para trabalhar no negócio). Para eles, o "in" é o operacional, o dia a dia, aquilo que se faz quase no automático. Já o "on" está ligado a ter momentos para pensar o futuro da empresa e atualizar a visão estratégica, que é tudo aquilo que desejamos ser daqui em diante.

O que eles querem dizer, portanto, é que um líder não pode ficar preso apenas no operacional, sem conseguir estudar e planejar a sustentabilidade da empresa para o médio e longo prazo. É fundamental existir um equilíbrio entre o tempo empregado na rotina e o tempo dedicado aos próximos passos e projetos.

Assim, dedicar tempo ao "on" deve levar você a formular algumas perguntas vitais para a perenidade de seu negócio:

1. Minha empresa ainda está resolvendo os problemas que nasceu para resolver ou o nosso propósito mudou?

2. Qual é a minha relevância no mercado?
3. Existem novos recursos tecnológicos que eu posso adotar para fazer mais e melhor o que já faço hoje?
4. Como anda a experiência de nossos clientes com os produtos e serviços que oferecemos?
5. Temos dado a devida atenção aos feedbacks e sugestões que recebemos de nossos clientes para melhorar nossas soluções e processos?
6. Nossos colaboradores têm liberdade para criar, errar e fazer diferente, estando atentos a possibilidades de inovação que atendam melhor às necessidades dos clientes?

Essa última pergunta talvez seja uma das mais importantes, porque são as pessoas nos bastidores do negócio que implantam as soluções oferecidas pela empresa. Se elas conseguem se sentir responsáveis não somente pela operação, mas como agentes da própria estratégia e da transformação da empresa, a evolução contínua passa a ser perseguida coletivamente.

Esse pensamento está no cerne de empresas com uma forte cultura de inovação e digitalização, que vivenciam na prática a busca por mais agilidade e produtividade — e, consequentemente, melhores resultados, sempre a partir do foco do cliente e tendo os clientes no centro de suas estratégias e decisões. Nelas, é comum o uso do Mapa de Empatia, uma ferramenta muito utilizada pelas áreas de marketing para entender os clientes e, de posse dos dados coletados, é feito um planejamento focado em sanar suas dores e necessidades.

O Mapa de Empatia clássico analisa o cliente a partir de quatro quadrantes:

1. O que ele pensa e sente;
2. O que ele ouve;
3. O que ele fala e faz;
4. O que ele vê.

Por exemplo, ao decidirmos escrever este livro, dedicamos um momento para refletir sobre os problemas específicos que poderíamos resolver para o nosso público-alvo, detalhes que destacamos na introdução do livro. Em seguida, elaboramos um mapa de empatia para garantir que, durante a escrita de cada capítulo, mantivéssemos o foco nas "dores" e motivações dos nossos leitores.

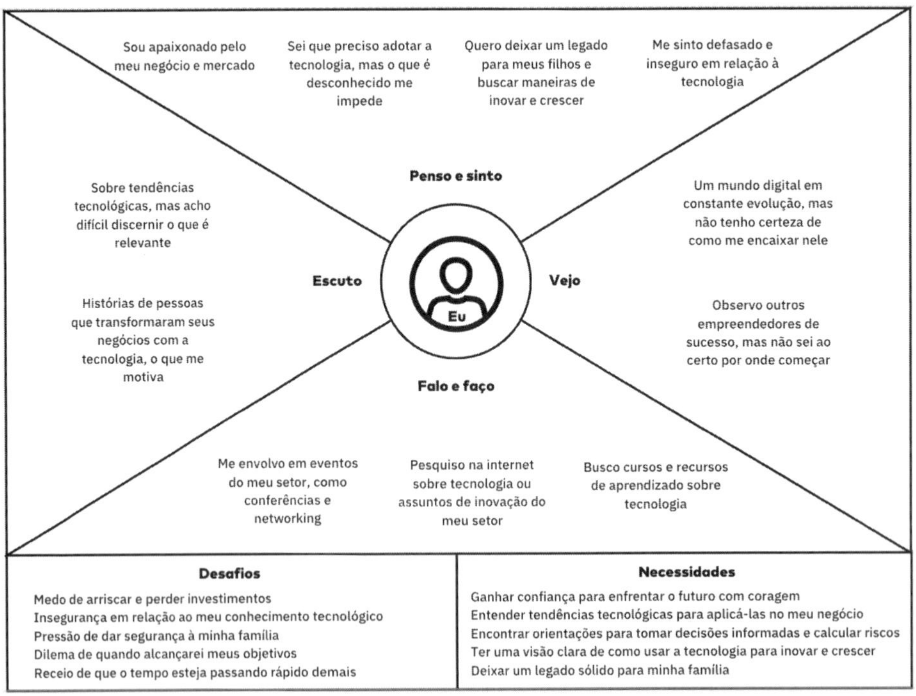

Como estamos pensando pelo viés da transformação digital e da inovação, devemos usar essas informações para encontrar em que ponto da jornada estão os nossos clientes e o que podemos mudar para conseguir ter processos mais eficientes, ágeis e com menor custo. Como podemos nos comunicar com essas pessoas e oferecer ajuda?

Saber como e em que timing fazer isso é o que diferencia uma venda bem-sucedida das demais, por exemplo. Porque se o vendedor não tiver empatia para entender o que queremos e nem entender nosso timing de compra, não importa o que ele fizer, não vamos comprar dele.

Do mesmo modo, se um empreendedor ou gestor deseja transformar a cultura de sua organização e buscar um nível mais alto de digitalização e inovação, ele terá que criar um mapa de empatia e saber qual é a forma de se conectar com os clientes e o timing dessas conexões. Não adianta mudar apenas porque todo mundo está mudando, sem foco e sem rumo. Qualquer transformação, digital ou não, deve ter como base de sustentação as necessidades do seu público-alvo.

Antes de tudo, portanto, é essencial que haja a humildade de reconhecer que a empresa está dando seus passos iniciais em direção ao aprendizado para não correr o risco de perder a autenticidade do negócio e seu propósito. Não se trata de embarcar na "modinha do digital", mas de analisar as tendências para as quais o mercado aponta, analisar com a mente aberta o que a concorrência está fazendo e encontrar o próprio caminho de assimilar o que for viável. Em resumo: enxergar as oportunidades e alinhá-las com seu objetivo de solucionar problemas.

Para ilustrar nosso ponto de vista, consideramos que as empresas existem para solucionar problemas do mercado. As pessoas que trabalham nessas empresas se dedicam a utilizar tecnologias como ferramentas para criar soluções — sejam produtos ou serviços — para indivíduos ou outras empresas que compartilham dessa visão. Segundo Peter Drucker, o propósito de uma empresa é criar e manter clientes.

Este conceito sublinha a importância de entender profundamente as necessidades e problemas do mercado para oferecer soluções eficazes que criem valor tanto para os clientes quanto para a empresa. Manter essa mentalidade focada no cliente é essencial para o sucesso e a sustentabilidade a longo prazo de qualquer negócio.

No momento que escrevemos este livro, estamos no hype da Inteligência Artificial Generativa como o ChatGPT (sigla para *Generative Pre-Trained Transformer*) e o ClaudeIA, uma tecnologia capaz de "imitar" a linguagem humana e estabelecer uma conversa com o usuário para responder a perguntas com certo grau de complexidade.

Milhares de pessoas estavam tentando surfar na onda da novidade e se apropriar da ferramenta de qualquer jeito. Essa, porém, é a pior maneira de utilizar a tecnologia, pois não há uma estratégia real atrelada ao negócio e, tampouco, às dores dos clientes. É o uso pelo uso apenas porque todo mundo está falando.

Essas tecnologias podem (e devem!), sim, ser analisadas, compreendidas e, se viável, utilizadas para melhorar processos. O que estamos dizendo é que, para que isso ocorra, antes deve existir um porquê, uma finalidade específica dirigida a trazer algum tipo de vantagem real para seu negócio.

Em meio a tantos modismos e novidades tentadores, é muito importante que você cultive a humildade e mantenha os pés no chão para continuar incentivando seu time, contudo sem se deixar embarcar em projetos desatrelados da própria realidade. Seu papel é promover uma cultura voltada à inovação e digitalização que tenha limites bem demarcados e oriente as pessoas até onde elas podem chegar para fazer a vida dos clientes melhor.

O objetivo, como já falamos, não é se digitalizar a qualquer preço, mas avançar incorporando a tecnologia como um braço para a criação de soluções. Isso envolve encorajamento das equipes, feedbacks consistentes, comunicação eficaz e, sobretudo, criatividade.

Uma das melhores conquistas trazidas pela tecnologia foi encurtar distâncias e nos conectar com qualquer pessoa em qualquer tempo e espaço. Essa facilidade nos dá a possibilidade de encontrar, em alguns cliques, as inovações que estão sendo promovidas por companhias em diferentes partes do mundo e trazê las para o nosso contexto. Podemos conhecer as melhores práticas do mercado e crescer sem, para isso, ter que reinventar a roda: tudo já está disponível.

O que uma empresa pode ganhar com isso? Processos mais eficientes, redução de custos, mais escalabilidade e potencial de crescimento. Esse conjunto de vantagens tem reflexo direto também no ambiente interno, pois as equipes de empresas com visão inovadora se sentem mais motivadas a trabalhar para buscar novas soluções para novos problemas que vão surgindo dia a dia.

> **“TECNOLOGIAS SÃO REAIS E ESTÃO AO ALCANCE DE QUALQUER UM QUE SE DISPONHA A ENTENDÊ-LAS E TRAZÊ-LAS PARA A VIDA DIÁRIA”**

Esse movimento de mudanças em ritmo cada dia mais veloz é uma característica da nossa sociedade. Somos inundados, a cada segundo, de dispositivos e recursos que rapidamente se disseminam entre nós. Há poucos anos, quem imaginou que teríamos assistentes virtuais com quem poderíamos “conversar” e fazer pedidos como agendar horários, realizar compras e pesquisas?

Essas tecnologias são reais e estão ao alcance de qualquer um que se disponha a entendê-las e trazê-las para a vida diária: das pequenas às médias empresas, dos profissionais liberais aos líderes de grandes companhias. O desafio de cada um será conhecer a fundo o próprio negócio e seu segmento de mercado para não cair na armadilha de entrar nas modinhas digitais do momento e esquecer que a tecnologia certa é aquela que resolve o problema para o qual foi destinada a resolver.

A transformação digital só é possível acontecer bem, com eficácia, quando as pessoas estão com o seu mindset adequadamente preparado, assim como é necessário que elas sejam treinadas em determinadas habilidades técnicas e socioemocionais. É sobre isso que trataremos no próximo capítulo.

Em um mundo onde a inovação e a digitalização são essenciais para a sobrevivência empresarial, neste capítulo discutimos a importância de incorporar uma cultura de digitalização em todas as camadas de uma empresa. Desde a história ilustrativa da Kodak, que perdeu sua liderança por negligenciar a inovação digital, até a necessidade de as lideranças incentivarem uma mentalidade voltada para a transformação digital, sublinhamos como a cultura de inovação deve estar no DNA das empresas para fomentar a adaptabilidade e o crescimento sustentável no ambiente de negócios atual.

Continue seu aprendizado online.

5

CAPÍTULO **5**

COMO PREPARAR O **MINDSET** DO TIME PARA A **TRANSFORMAÇÃO** DIGITAL

COMO PREPARAR O **MINDSET** DO TIME PARA A **TRANSFORMAÇÃO** DIGITAL

5

Em uma conversa com nosso amigo Bruno Omeltech, CEO e fundador da Omeltech, uma empresa integrada aos departamentos de Recursos Humanos em centenas de empresas no Brasil e nos Estados Unidos para o treinamento em educação corporativa, ele compartilha suas perspectivas sobre a cultura de inovação nas organizações:

A cultura de uma empresa consiste na recorrência de práticas que se tornam comuns. Falar de uma cultura de inovação e transformação digital significa discutir como executivos e donos de empresas podem criar um ambiente propício ao aprendizado, experimentação, erros e escalabilidade.

A inovação e a transformação digital são impulsionadas não pelos donos das empresas, mas pelos colaboradores. São eles que, ao serem consultados sobre melhorias — seja no aprimoramento de processos ou na implementação de novas tecnologias —, realmente colocam as mudanças em prática. O papel dos executivos e proprietários é, portanto, fornecer as condições necessárias para que os funcionários possam criar e compartilhar conhecimento, catalisando assim a transformação digital.

Essa visão de Bruno Omeltech sobre o papel dos colaboradores na transformação digital ressalta um ponto muito importante: o sucesso da digitalização depende diretamente do preparo e engajamento das pessoas.

> PESSOAS E ORGANIZAÇÕES QUE DIARIAMENTE QUESTIONAM E BUSCAM SOLUÇÕES ESTÃO CONSTANTEMENTE PREPARADAS PARA AUTOMATIZAR PROCESSOS, INCORPORAR TECNOLOGIAS INOVADORAS E ENFRENTAR DESAFIOS CADA VEZ MAIS COMPLEXOS.

Assim, toda transformação digital começa com a adequada preparação das pessoas que estarão diretamente envolvidas com essa importante mudança na empresa. Nesse sentido, destacamos inicialmente três habilidades essenciais, que consideramos imprescindíveis para a concepção e a execução de um projeto de digitalização dos negócios, independentemente da posição que você ocupa em sua companhia.

A primeira habilidade destacada é a capacidade de observar sinais. Essa competência vai além de simplesmente perceber o que está acontecendo no mercado. Ela requer uma compreensão profunda das movimentações do mercado e das reações das pessoas em diferentes contextos. A observação cuidadosa desses sinais proporciona uma base sólida para a identificação proativa de desafios. Quando você e seu time compreendem as nuances do ambiente de negócios, é possível antecipar problemas potenciais e criar estratégias eficazes para superá-los.

A segunda habilidade fundamental, a mentalidade de crescimento, desempenha um papel crucial no contexto da transformação digital dos negócios. Ela não se limita apenas ao desejo de adquirir novos conhecimentos, mas também engloba a disposição das pessoas para enfrentar desafios, aprender com os erros e compartilhar experiências. Essa mentalidade cria um ambiente propício à inovação, onde os colaboradores não temem o desconhecido, mas o abraçam como uma oportunidade de aprendizado.

A troca de conhecimento torna-se um pilar central da mentalidade de crescimento. A colaboração entre equipes e a disposição para compartilhar insights e descobertas promovem um ciclo de aprendizado constante. Diferentes perspectivas e experiências convergem para criar soluções mais robustas e eficazes. A empresa se beneficia de uma rede interna de aprendizado, onde cada desafio superado se torna uma lição valiosa para todos.

> **O ERRO DAS ORGANIZAÇÕES ESTÁ EM ACREDITAR QUE PODEM SIMPLESMENTE SUBSTITUIR INDIVÍDUOS POR MÁQUINAS, AUTOMAÇÃO E TECNOLOGIA, DEIXANDO DE LADO O ASPECTO HUMANO.**

Além disso, a mentalidade de crescimento fomenta a adaptabilidade. Em um cenário de constante mudança, a capacidade de se adaptar rapidamente é uma vantagem competitiva significativa. Colaboradores com essa mentalidade estão abertos a novas tecnologias, processos e abordagens, tornando a empresa mais ágil e pronta para enfrentar os desafios da era digital.

Por fim, a terceira habilidade essencial é a capacidade de resolver problemas. A pergunta fundamental, "Que problema você precisa resolver?", serve como um guia prático para direcionar esforços e recursos na direção certa. A conexão entre observar sinais e ter uma mentalidade de crescimento se materializa na busca ativa por soluções. Pessoas e organizações que diariamente questionam e buscam soluções estão constantemente preparadas para automatizar processos, incorporar tecnologias inovadoras e enfrentar desafios cada vez mais complexos. Isso está alinhado à lei fundamental dos negócios, onde a resolução eficaz de problemas resulta em recompensas significativas. Com que frequência você tem se feito essa pergunta?

A **ALTA** LIDERANÇA E AS **EQUIPES** NA TRANSFORMAÇÃO **DIGITAL**

Uma vez que falamos das três habilidades essenciais, o patrocínio da alta liderança é a primeira condição para uma empresa que

> TODOS DEVEM ESTAR CIENTES DE PARA ONDE A EMPRESA DESEJA IR E QUAL A JORNADA A SER PERCORRIDA. AS PESSOAS PRECISAM TER RESPOSTAS PARA PERGUNTAS CRUCIAIS: POR QUE QUEREMOS FAZER ESSA TRANSFORMAÇÃO?

deseja passar por uma transformação digital de verdade. Afinal, se não houver o investimento e o comprometimento de quem tem o poder decisório, qualquer mudança tende ao fracasso.

No entanto, apenas ter essa garantia também não é suficiente. Sem o treinamento e o engajamento das equipes, tampouco se chega ao sucesso nesse e em outros temas importantes da agenda corporativa, pois não existe (r)evolução possível sem a participação de pessoas.

A transformação digital envolve a transição de um estado em que a empresa opera de forma mais manual, lenta e com excesso de processos para uma situação em que ganhará mais agilidade e eficiência em seus processos por meio do emprego de tecnologias que facilitarão as diversas entregas e relacionamentos internos e externos de negócios. E para realizar esse movimento, é essencial contar com a boa vontade e a colaboração dos times.

Muitas vezes, o erro das organizações está em acreditar que podem simplesmente substituir indivíduos por máquinas, automação e tecnologia, deixando de lado o aspecto humano. Quando isso ocorre, as pessoas acabam por se sentir intimidadas diante do novo, não se engajam nos projetos de inovação, podendo inclusive sabotá-los, e passam a trabalhar no modo de sobrevivência para preservar seus empregos.

Caso seja preciso extinguir funções/pessoas durante a transformação digital, cabe registrar que é importante não focar apenas na substituição de tarefas por tecnologia, mas também criar oportunidades de capacitação para as pessoas impactadas poderem ser melhor aproveitadas, desempenhando atividades que agregarão maior valor aos negócios da companhia. A liderança deve ser clara, explicando como as habilidades existentes serão transferidas para outras áreas dentro da empresa.

Para evitar que os colaboradores vejam a digitalização como uma ameaça e, sim, como uma oportunidade de melhoria e evolução da empresa, é de extrema importância envolvê-los com transparência e comunicação. Cabe, portanto, aos CEOs, proprietários, acionistas, diretores e gestores transmitir para seus times o porquê de uma transformação digital e levá-los a abraçar essa ideia na prática.

Todos devem estar cientes de para onde a empresa deseja ir e qual a jornada a ser percorrida. As pessoas precisam ter respostas para perguntas cruciais: por que queremos fazer essa transformação? Onde queremos chegar e qual caminho percorreremos para esse fim? Como essa iniciativa tornará a empresa melhor e mais eficiente? Qual o impacto da digitalização no nosso trabalho?

Ao entender essas questões, os profissionais se sentem mais confiantes para embarcar nessa jornada e dispostos a se comprometer com o resultado final, pois compreendem que o desafio pode significar a sobrevivência coletiva em um mercado cada vez mais competitivo e exigente.

Ninguém gosta de realizar algo sem saber por que está fazendo. Quando cada indivíduo consegue entender o próprio papel e se conectar a um propósito, o grupo inteiro se motiva e se torna ativo na transformação.

Por exemplo, ao considerar a implementação de inteligência artificial nos processos de venda de uma empresa, os colaboradores podem inicialmente questionar o motivo e até mesmo expressar preocupações sobre a possibilidade de perderem seus empregos para a automação.

No entanto, se a liderança apresenta um objetivo claro e fornece informações transparentes sobre as decisões, mostrando os ganhos que a área comercial pode alcançar em termos de produtividade, o nível de preocupação reduz. Isso acontece porque os vendedores compreendem que a adoção da inteligência artificial pode eliminar tarefas rotineiras demoradas, como a elaboração de apresentações em PowerPoint, que demoravam horas, em poucos minutos, permitindo que os profissionais direcionem mais tempo para atividades importantes, como prospecção e interação com clientes.

A **AÇÃO** ESTRATÉGICA DO **RH**

Outro papel fundamental da liderança nesse contexto é criar um ambiente propício a estabelecer um propósito pessoal para os colaboradores, ajudando-os a entender como se beneficiarão no final da jornada. A transformação digital, embora seja centrada em melhorar a eficiência das diferentes áreas da empresa, pode ser também uma oportunidade de transformação individual, pois os colaboradores saem do projeto mais experientes e aprimorados do que quando começaram, por terem adquirido conhecimentos e desenvolvido novas habilidades e competências.

Porém, para que isso se torne realidade, é essencial que haja investimento em ações de Treinamento e Desenvolvimento (T&D), as quais podem ocorrer tanto por meio de consultores e facilitadores externos aptos a ministrar capacitação para as equipes quanto pela preparação de pessoas da área de tecnologia do quadro próprio para transmitir os conhecimentos e habilidades necessários à transformação digital.

A vantagem dessa segunda opção é o fortalecimento da cultura interna de colaboração, que faz com que os colaboradores se interessem em evoluir coletivamente. Nesse sentido, a área de Recursos

Humanos desempenha uma função estratégica, buscando talentos internos capazes de conduzir essa construção do conhecimento de modo horizontal e em sintonia com o projeto de digitalização da empresa.

Imagine que o presidente e o gestor responsável pelas operações logísticas decidiram adotar uma tecnologia específica para a área. Nesse contexto, sugerimos que o RH, junto com o gestor da Logística, crie as condições para capacitar os colaboradores que estarão diretamente envolvidos com a nova tecnologia, seja em termos de soft ou hard skills, para que essa mudança aconteça de forma serena e não traumática, prejudicando a performance da empresa.

Um plano de treinamento formal, conduzido pela área de Recursos Humanos, ajudará os colaboradores diretamente envolvidos na digitalização a se adaptar às mudanças e adotar novas tecnologias e processos sem tanta resistência. Quando a dinâmica se estabelece a partir dessas condições, a transformação digital contribui para que os colaboradores se sintam respeitados e valorizados, o que fortalece a confiança e o trabalho em equipe. As pessoas não só passarão a entender que a transformação digital é vital para a perenidade dos negócios, como também se engajarão em evoluir junto com a empresa.

Se há um norte claro do "porquê" estamos trabalhando na digitalização dos nossos negócios e do "onde" queremos chegar, conseguimos engajar o time e impulsionar a sua ação. E o treinamento adequado das pessoas organiza a sua execução, revelando os passos para o cumprimento das metas.

Elas, ao atuar em território desconhecido, precisam de orientação, especialmente quando estão vivendo algo inédito. Necessitam das habilidades, técnicas e ferramentas apropriadas para trabalhar bem, assim como de clareza sobre quais objetivos perseguirão, das etapas para alcançá-los e dos indicadores para mensuração da evolução de seu trabalho. Esses são pontos cruciais, pois evitam o erro comum de planos abertos sem prazos e métodos de trabalho definidos, que acabam sendo adiados indefinidamente, resultando em perda de tempo, dinheiro e produtividade.

PRINCIPAIS **SOFT SKILLS** E **HARD SKILLS** PARA A **DIGITALIZAÇÃO** DOS NEGÓCIOS

Para fecharmos o capítulo e podermos conversar no próximo sobre como aprender a identificar quais as tecnologias mais adequadas para o seu negócio, sugerimos a seguir algumas *soft skills* e *hard skills* para você e sua equipe desenvolveram. Elas serão de imenso valor para diferentes cenários de transformação digital: desde um objetivo focado em transformar um único processo,passando por mudanças numa área inteira, até a realização da digitalização em todas as funções e setores de um negócio.

SOFT SKILLS

1. ADAPTABILIDADE:

- O que é? Refere-se à capacidade de se ajustar rapidamente às mudanças no ambiente de trabalho, especialmente aquelas relacionadas à tecnologia. Isso inclui a prontidão para aprender novas habilidades e abraçar novas ferramentas e processos.
- Importância na Transformação Digital: Em um ambiente de transformação digital, as mudanças são constantes. A adaptabilidade permite que as equipes se ajustem às novas tecnologias e metodologias de trabalho de maneira mais eficaz.

2. PENSAMENTO CRÍTICO:

- O que é? Envolve a capacidade de analisar informações de maneira objetiva, identificar padrões, avaliar alternativas e tomar decisões informadas.

- Importância na Transformação Digital: Na era digital, a capacidade de analisar dados complexos e tomar decisões estratégicas com base nessa análise é crucial. O pensamento crítico é fundamental para avaliar as implicações e benefícios das mudanças digitais.

3. COMUNICAÇÃO EFETIVA:

- O que é? Habilidade de expressar ideias de maneira clara e compreensível, adaptando a mensagem ao público-alvo.

- Importância na Transformação Digital: A comunicação clara é vital durante a implementação de novas tecnologias. Garante que todos os membros da equipe compreendam as mudanças, os objetivos e os benefícios da transformação digital.

4. COLABORAÇÃO:

- O que é? A colaboração é a capacidade de trabalhar efetivamente em equipe, compartilhando ideias, conhecimentos e recursos para alcançar objetivos comuns.

- Importância na Transformação Digital: A transformação digital muitas vezes requer a colaboração entre equipes multidisciplinares. A habilidade de colaborar facilita a integração de diferentes perspectivas e conhecimentos.

5. LIDERANÇA:

◦ O que é? A liderança envolve inspirar, motivar e guiar os outros em direção a objetivos comuns.

◦ Importância na Transformação Digital: Líderes eficazes desempenham um papel fundamental na condução da transformação digital. Eles inspiram a equipe, promovem a inovação e ajudam a superar desafios durante a transição.

6. RESOLUÇÃO DE CONFLITOS:

◦ O que é? Habilidade de abordar e resolver disputas de maneira construtiva, promovendo relações de trabalho saudáveis.

◦ Importância na Transformação Digital: A transformação digital pode gerar resistência e conflitos. A resolução eficaz de conflitos ajuda a manter um ambiente positivo e a lidar com resistências à mudança.

HARD SKILLS

1. CONHECIMENTO EM TECNOLOGIA:

◦ O que é? Competência prática em ferramentas e tecnologias específicas relevantes para a transformação digital da empresa, como inteligência artificial, automação de processos, análise de dados e sistemas em nuvem.

◦ Importância na Transformação Digital: Essa hard skill é fundamental para implementar e gerenciar eficazmente as soluções digitais necessárias para a transformação.

2. PROGRAMAÇÃO:

- O que é? Habilidade em linguagens de programação relevantes para desenvolver, integrar e personalizar soluções digitais.
- Importância na Transformação Digital: Programação é essencial para o desenvolvimento e manutenção de sistemas digitais, automação e aplicativos customizados.

3. GESTÃO DE DADOS:

- O que é? Compreensão profunda de práticas de coleta, armazenamento, análise e interpretação de dados.
- Importância na Transformação Digital: A gestão de dados é crítica para tomar decisões informadas e aproveitar ao máximo as oportunidades oferecidas pelos dados na era digital.

4. CIBERSEGURANÇA:

- O que é? Conhecimento em práticas e ferramentas para proteger sistemas, redes e dados contra ameaças cibernéticas.
- Importância na Transformação Digital: A segurança dos dados é uma prioridade na transformação digital. Profissionais com habilidades em cibersegurança garantem a integridade e confidencialidade dos dados.

5. GESTÃO DE PROJETOS:

- O que é? Habilidades em metodologias de gestão de projetos, como Scrum ou Kanban, para garantir a implementação eficiente de soluções digitais.

- Importância na Transformação Digital: A gestão de projetos é essencial para planejar e executar iniciativas de transformação digital de maneira organizada e eficaz.

6. DESIGN THINKING:

- O que é? Abordagem centrada no usuário para a resolução de problemas e desenvolvimento de soluções inovadoras.
- Importância na Transformação Digital: O *design thinking* garante que as soluções digitais sejam orientadas para as necessidades dos usuários, promovendo a aceitação e adoção.

7. ANÁLISE DE NEGÓCIOS:

- O que é? Capacidade de analisar e compreender os processos de negócios, identificando oportunidades de melhoria por meio de tecnologias digitais.
- Importância na Transformação Digital: A análise de negócios ajuda a alinhar as soluções digitais com os objetivos estratégicos da empresa, garantindo um impacto positivo nos processos de negócios.

Ao desenvolver essas habilidades, você e os seus colaboradores estarão mais bem preparados para enfrentar os desafios e aproveitar as oportunidades apresentadas pela transformação digital.

Adequar o mindset para a transformação digital envolve cultivar uma cultura de constante aprendizado e adaptação. Neste capítulo ressaltamos a importância de desenvolver habilidades críticas como a capacidade de observar sinais do mercado, uma mentalidade de crescimento e a habilidade de resolver problemas complexos. Ao transformar o ambiente de trabalho em um espaço de curiosidade e inovação, encorajamos cada membro da equipe a contribuir ativamente para a jornada digital da empresa, garantindo que a transformação não seja apenas técnica, mas também uma evolução cultural.

Continue seu aprendizado online.

6

CAPÍTULO **6**

POR QUE VOCÊ E **SEU TIME** PRECISAM USAR AS **TECNOLOGIAS CERTAS** NA SUA EMPRESA?

POR QUE VOCÊ E **SEU TIME** PRECISAM USAR AS **TECNOLOGIAS CERTAS** NA SUA EMPRESA?

6

"Por onde eu começo?" Essa é a principal dúvida que ronda a maioria dos pequenos e médios empreendedores que já venceram as primeiras barreiras e se convenceram de que a tecnologia pode ser uma aliada para seus negócios, mas não sabem como levar essa decisão para a prática. Isso se explica porque ainda persiste um desconhecimento generalizado das soluções disponíveis no mercado, sobretudo no que diz respeito à complexidade e aos custos desses investimentos.

No entanto, antes de entrar nesses aspectos, é preciso dar alguns passos para trás e ter em mente que a tecnologia vem para provocar mudanças e sacudir o ambiente interno, exigindo a saída da liderança da famosa zona de conforto. E não há um caminho possível para isso sem capacitação, treinamento e, como já dissemos, uma incorporação desses valores na cultura organizacional.

Porque não se trata simplesmente de contratar mais tecnologia, mas de como usá-la de maneira orquestrada e estratégica para alcançar o resultado desejado. Quem deseja viver a transformação digital, portanto, vai precisar colocar a mão na massa e mergulhar nas possibilidades viáveis de automação de processos. Quando uma empresa faz esse dever de casa, consegue liberar seus colaboradores para realizar atividades mais importantes e aumentar a eficiência da

> **PORQUE NÃO SE TRATA SIMPLESMENTE DE CONTRATAR MAIS TECNOLOGIA, MAS DE COMO USÁ-LA DE MANEIRA ORQUESTRADA E ESTRATÉGICA PARA ALCANÇAR O RESULTADO DESEJADO.**

operação, otimizando o uso do tempo, reduzindo custos e escalando sua capacidade de entrega e geração de resultados.

Vamos a um exemplo de consultórios de profissionais de saúde. A grande maioria dos médicos, dentistas e outros especialistas da área de saúde ainda trabalha com o auxílio de secretárias, cujo trabalho se resume, basicamente, a marcar consultas, controlar pagamentos e organizar fichas de saúde dos pacientes. Se parte desse serviço fosse automatizado — com a implantação de sistemas de agendamento de horários, por exemplo —, as secretárias sairiam da atuação meramente operacional e teriam tempo livre para realizar atividades de acompanhamento de pós-consultas e captação de novos pacientes/clientes.

Quando falamos de automação de negócios, o passo inicial deve ser a criação dos workflows. Um workflow nada mais é do que desenhar o processo do começo ao fim, de ponta a ponta. A partir disso, podemos identificar quais pontos críticos podem ser automatizados de modo a tornar o fluxo mais ágil, eficiente e livre de falhas. Ou seja, em que momento transferimos a atividade manual para a máquina e permitimos que o processo ocorra sem a participação humana?

Não se trata, contudo, de escolher uma plataforma qualquer, apertar um botão e esperar que todos os seus problemas sejam resolvidos. Você tem que entender, antes de tudo, para que serve a tecnologia, como ela funciona e o que esperar dela. Voltando ao exemplo do CRM (Customer Relationship Manager, sigla em inglês), coisas simples podem ser programadas, como enviar e-mails automáticos para os clientes em etapas específicas do funil de vendas ou uma mensagem de felicitação nas datas de aniversário. O resultado desejado, nesse caso, é a exposição da sua marca e a manutenção do relacionamento.

EXPERIÊNCIA DO CLIENTE

Automatizar, em resumo, é uma atividade focada em simplificar processos com foco em oferecer melhores entregas para o cliente desde o seu contato inicial com a empresa. Para viabilizar isso, o empreendedor deve usar duas lentes diferentes. A primeira delas é pensar "como crio o fluxo de experiência?". Nesse ponto, deixamos claro, não estamos falando (ainda!) de tecnologia, mas de entregar a melhor experiência com os seus produtos, serviços e marca.

A segunda lente é, como dono do negócio, você deve se questionar "quais áreas eu posso automatizar de modo que, além de beneficiar o cliente, facilite minhas operações?". Pode parecer que estamos falando da mesma coisa, entretanto, são coisas distintas para alcançar um único resultado: o crescimento da empresa.

A automação do negócio permite a você ter mais controle daquilo que está executando, com geração de dados mais precisos e com maior velocidade. Outra vantagem é a redução de erros. Voltando às secretárias, se elas agendarem errado uma consulta, as consequências podem ser desde um atraso nos horários do médico até um prejuízo no tratamento do paciente. O sistema de marcação, porém, não comete esse tipo de falha.

Todo esse combo de vantagens da automação tem uma finalidade: alavancar o crescimento da empresa sem aumentar o número de problemas, falhas e erros. Porque não adianta multiplicar os negócios em 10x e ganhar a mesma proporção de novos problemas a serem resolvidos. A tecnologia, quando bem utilizada, pode proporcionar esse tracionamento de modo sustentável, reduzindo os processos manuais. É o bom e conhecido "fazer mais com menos".

> UM WORKFLOW NADA MAIS É DO QUE DESENHAR O PROCESSO DO COMEÇO AO FIM, DE PONTA A PONTA.

> "AUTOMATIZAR, EM RESUMO, É UMA ATIVIDADE FOCADA EM SIMPLIFICAR PROCESSOS COM FOCO EM OFERECER MELHORES ENTREGAS PARA O CLIENTE DESDE O SEU CONTATO INICIAL COM A EMPRESA."

Pare agora, por alguns minutos, e pense na seguinte questão: para fazer sua empresa crescer 10x, como você realizaria isso? Se você fixou o "fortalecimento de caixa" como objetivo — logo, seu desafio seria aumentar seu caixa em 10x. Caso sua resposta fosse "redução de custos", você teria que dividir seus custos por 10. O que lhe ajudaria a partir de então? Olhar seus processos e identificar aqueles que são repetitivos e podem ser automatizados, buscando essas direções.

O fortalecimento de caixa, especificamente, depende de maiores entradas de receitas com margens melhores. No caso de uma empresa de treinamentos que ofereça cursos de gestão de curta duração, por exemplo, para aumentar em 10x vezes o número de alunos atendidos, faz-se necessário usar o marketing digital para melhorar a captação de leads, automatizar o funil de vendas para aumentar a conversão dos leads em clientes e facilitar os procedimentos de inscrição e pagamentos. Nesse sentido, é fundamental ajustar o mindset dos colaboradores para a simplificação dos processos, usando a tecnologia para automatizar etapas manualmente desnecessárias.

Essa transformação deve acontecer desde as atividades mais simples até as mais complexas. Vamos pensar no seguinte cenário: você resolve viajar com sua família para uma cidade que ainda não conhece. Você precisa de boas indicações de hotel, atividades para fazer com crianças e restaurantes bacanas. Como a maioria das pessoas faz essa busca hoje em dia? Elas pesquisam em um buscador.

Você acessa o site, procura alguns estabelecimentos que tenham reviews positivos e faz sua escolha baseada na experiência bem-sucedida de outros clientes. E como a tecnologia entra nessa viagem? Por meio de aplicativos e processos simples de coleta de opinião, o cliente escaneia um QR Code para participar de uma pesquisa de satisfação, a resposta vai direto para os sites de turismo e lazer, e se junta às outras informações registradas anteriormente.

Os estabelecimentos que adotam processos desse tipo ficam expostos nas redes e, consequentemente, têm mais chances de atrair a atenção dos seus públicos. Quem você acha que vai ser o primeiro na região a aparecer nos buscadores: um hotel que ganhou três estrelas e tem 200 reviews ou um concorrente com cinco estrelas e mais de quatro mil reviews?

DE **ORDER TAKER** A ESTRATÉGICA

Como já dissemos, o mais importante é mapear, analisar e simplificar seus processos antes de qualquer mudança tecnológica. Muitos empreendedores ainda tentam fazer o caminho inverso, buscando a automação de maneira aleatória, antes mesmo de compreender o próprio core business. Eles querem viver a transformação digital, reconhecem sua importância, mas não sabem internamente que problemas desejam resolver.

Essa visão tem uma certa explicação no passado, quando o segmento de tecnologia da informação era visto como um order taker, ou seja, um tirador de pedidos. Era comum ouvir as pessoas chamarem "alguém de TI" para apresentar soluções pontuais para questões específicas. A atividade em si era percebida como operacional e sem função estratégica.

Hoje a área de tecnologia deu um salto e se tornou um dos pilares fundamentais das empresas que desejam se manter competitivas no mercado. Vemos áreas inteiras dedicadas a pensar e a executar a automação dos negócios, de modo a deixar a operação mais eficiente, produtiva e com menor custo.

Para isso, voltamos à importância da mudança de cultura na empresa, que precisa estar, horizontal e verticalmente, alinhada com a transformação digital. Não se pode contar apenas com "a turma da TI" para comandar essa revolução, pois os profissionais conhecem apenas parte das estratégias corporativas; são o empreendedor e a liderança que sabem a fundo para onde o negócio quer seguir e precisam entender a importância e bancar a decisão e os recursos necessários para que a otimização dos processos seja realizada. Eles não têm que saber fazer isso, porém, é sua obrigação entender o que pode ser feito e replicar o pensamento para todas as equipes.

É nessa fase que entra a necessidade de contratação das pessoas certas para orientar a respeito das melhores tecnologias para automação dos processos. Sem medo de errar, podemos dizer que, para os pequenos e médios empreendedores, todas as soluções já estão disponíveis no mercado; basta, portanto, identificar quais as mais apropriadas e pagar por elas. Consultores especializados são fundamentais nessa etapa, o que evita a contratação de serviços inadequados ou ineficientes.

Parte dos empreendedores e líderes ignoram essa consulta e agem por conta própria, acreditando ter conhecimentos suficientes para tomar decisões que podem resultar em verdadeiros fiascos. Isso aconteceu com a empresária, Tatiana Pedroso do sul do Brasil do ramo de colchões, que conhecemos durante um evento de tecnologia em Miami.

Ela compartilhou conosco que resolveu implantar a transformação digital na sua empresa, Cia do Sono, e o primeiro passo foi desenvolver internamente um sistema para gerenciar todas as operações. "Nosso objetivo era nos tornar uma empresa de tecnologia. Porque, no fim das contas, muitas empresas hoje são empresas de tecnologia que, porventura, vendem produtos físicos", ela comentou. Passados três anos da iniciativa, porém, ela e seu time constataram que tinham gasto dinheiro e tempo e não alcançaram eficiência e melhores resultados em suas operações.

Não foi preciso nos aprofundar muito no caso para entender onde estava a falha da estratégia: não havia estratégia. No mundo da tecnologia, a primeira coisa que se faz antes de sair construindo qualquer sistema é uma análise chamada de buy versus build. Em outras palavras: baseado no que temos como necessidade do negócio e seus requerimentos técnicos, vale mais a pena comprar a tecnologia pronta ou construir algo novo?

A partir desse parâmetro de comparação, analisamos vários fatores, não apenas econômicos, mas também de aceleração e urgência. São objetivos de curto, médio ou longo prazo? Em quanto tempo precisamos ter o sistema ou a plataforma funcionando? Se já existe uma ferramenta compatível pronta e vamos demorar três anos para construir algo do zero, talvez seja mais vantajoso comprar agora e, se necessário, desenvolver uma alternativa mais robusta em paralelo.

Para isso, no entanto, é fundamental a existência de uma equipe especializada na prática e capacitada para a entrega. Senão, há uma chance de o projeto naufragar antes mesmo da partida. Esse foi o grande equívoco da empresária do ramo de colchões.

Por ter aprendido a lição com o erro, ela comentou que seu filho, Carlos Eduardo Pedroso — que está assumindo parte do negócio — já buscou conhecimento técnico para estudar novas ferramentas de tecnologia e estruturou uma equipe interna de TI capacitada para os próximos projetos em pauta. "Com mais de 35 anos de existência, aprendemos com nossos erros nessa trajetória empreendedora. A cultura da nossa empresa sempre foi semelhante à de uma startup de fazer testes rápidos. Hoje, investimos em plataformas de tecnologia e principalmente em educação para suprir a falta de conhecimento em diversas áreas técnicas da empresa na hora da contratação e implementações de novos sistemas", comentou Carlos.

Mesmo que a decisão, entretanto, seja por adquirir alguma solução do mercado, as empresas precisam saber pelo que estão pagando para não caírem na armadilha de contratar uma bazuca para matar uma formiga — o que acontece com frequência no segmento de soluções de automação. Muitos empreendedores, principalmente de pequeno e médio porte, ansiosos em inovar e pela pressão que se colocam em estar constantemente em mudança, pois do contrário acham que suas empresas perderão mercado, investem em produtos incompatíveis com suas necessidades, gastando recursos com funcionalidades e serviços que sequer serão utilizados.

Essa ansiedade é uma das principais inimigas da transformação digital. A dinâmica contemporânea do "quero agora, tenho agora" está criando expectativas nas pessoas de que, ao baixar um aplicativo ou comprar uma plataforma, terão tudo resolvido em um clique. Somos uma sociedade sem paciência para entender que é necessário tempo para aprender a funcionalidade das coisas, tempo para entender nossas dores e tempo para identificar a tecnologia que vai resolver parte dos nossos problemas.

Muitas empresas de tecnologia, que vivem da venda de suas soluções de automatização, criam essa urgência e uma falsa impressão de que, se não tomarmos decisões para ontem, vamos perder o timing e ficar obsoletos. Não podemos negar que hoje é muito mais fácil implementar sistemas de automação e reestruturar modelos de negócio; contudo, continuamos precisando passar por essa transição com o conhecimento e a ajuda de profissionais especializados como desenvolvedores, programadores, web designers e tantos outros, assim como precisamos entender o que são e para que servem as principais tecnologias hoje disponíveis, conforme veremos no próximo capítulo.

Adotar a tecnologia certa não é apenas uma questão de automação, mas uma estratégia crucial para ampliar a eficiência e a capacidade de inovação de uma empresa. Neste capítulo destacamos a importância de escolher ferramentas tecnológicas que não só otimizem operações, mas também alavanquem o crescimento sustentável do negócio. Ao integrar tecnologias que se alinham com as necessidades específicas da empresa e capacitar a equipe para utilizá-las efetivamente, as organizações podem transformar desafios em oportunidades e manter a competitividade em um mercado em constante evolução.

Continue seu aprendizado online.

7

CAPÍTULO **7**

O **ESSENCIAL** QUE VOCÊ PRECISA SABER SOBRE AS **PRINCIPAIS TECNOLOGIAS** DISPONÍVEIS E SUAS **APLICAÇÕES**

O **ESSENCIAL** QUE VOCÊ PRECISA SABER SOBRE AS **PRINCIPAIS TECNOLOGIAS** DISPONÍVEIS E SUAS **APLICAÇÕES**

7

Com o avanço da tecnologia e a especialização cada vez mais refinada dos profissionais da área, há uma certa confusão a respeito de quem faz o quê na hora de implementar a transformação digital em uma empresa. Muitos empreendedores reconhecem seus problemas, sabem a solução para o que desejam e entendem os recursos disponíveis — só não têm noção de por onde começar ou quem contratar.

Para desmistificar um pouco dessa ideia, vamos voltar à metáfora da casa. Digamos que você quer construir um lugar dos sonhos. A planta está na sua cabeça, você pesquisou milhares de referências, tem uma estimativa de custos e precisa apenas colocar tudo isso no papel para criar um plano de execução e dar o start na obra.

O caminho mais indicado nesses casos é começar pelo básico: contratar um arquiteto ou engenheiro para desenhar o projeto. São esses profissionais que materializam a ideia e traçam os planos para a casa, desde a fundação até o acabamento.

Ultrapassada essa etapa inicial, entram todos os demais envolvidos na construção: os pedreiros que erguem as vigas e paredes, os encanadores responsáveis pela estrutura hidráulica, os eletricistas aptos a distribuir energia com segurança a todos os cômodos. E não para por aí: há os pintores, gesseiros, marceneiros e vários outros

> MUITOS EMPREENDEDORES RECONHECEM SEUS PROBLEMAS, SABEM A SOLUÇÃO PARA O QUE DESEJAM E ENTENDEM OS RECURSOS DISPONÍVEIS – SÓ NÃO TÊM NOÇÃO DE POR ONDE COMEÇAR OU QUEM CONTRATAR.

profissionais, cada um com uma função específica de transformar a ideia em algo concreto.

Na tecnologia, não é diferente. Para cada etapa, entram em cena profissionais específicos para cumprir entregas bem definidas — ao contrário do que muita gente pensa, de que tudo é realizado por programadores ou analistas de sistemas.

Para começar, nosso "arquiteto" é o enterprise architect: é ele quem olha o plano digital macro de criação de uma solução, entende os processos que serão desenvolvidos e projeta todas as etapas necessárias até a conclusão. Em seguida, entram os engenheiros de tecnologia responsáveis por criar as bases necessárias para o projeto de digitalização avançar: são os analistas de dados, analistas de informação, analistas de segurança, analistas de governança e diversos outros — que podem ser acionados ou não, a depender da complexidade de cada situação.

De maneira bem resumida, os analistas de dados coletam e processam informações para transformá-las em insights úteis, que então são utilizados para tomar decisões baseadas em dados. Os analistas de segurança, por outro lado, focam em proteger sistemas e redes contra ameaças digitais, implementando medidas de segurança e gerenciando planos de recuperação em caso de incidentes. Já os analistas de governança são responsáveis por garantir que as práticas e políticas de uma empresa estejam em conformidade com as regulamentações legais e normas do setor, especialmente em mercados altamente regulados.

Somente após esses cruzamentos de dados e informações, o projeto passará para a fase de execução e caberá aos desenvolvedores dar vida a algo concreto, palpável e, muitas vezes, inovador.

Na tecnologia, quando vamos da ideia à solução, quebramos o trabalho em duas áreas da camada de apresentação, back-end (ou back-office) e front-end (ou front-office), cada uma composta de diversas outras pequenas partes, todas essenciais para o resultado final. Não é nosso propósito nos aprofundarmos nos detalhes de cada um desses recursos e funções, porém entendemos que vale a pena discorrer brevemente sobre alguns conceitos da tecnologia que serão úteis não somente para a leitura deste livro, como para a implantação futura de algum projeto mais robusto de transformação digital. Vamos lá?

BACK-END E FRONT-END

Back-end é toda a parte que está por trás das soluções (aplicativos, sistemas, softwares, sites etc.) e não fica acessível diretamente ao usuário comum. Na construção de uma casa, podemos dizer que são a parte elétrica, a tubulação, a bomba d'água, se haverá gerador de energia, a estrutura do motor do ar-condicionado e assim por diante.

Já front-end diz respeito à usabilidade do usuário, àquilo que ele consegue tocar e interagir: cores, fontes, menus e imagens, entre outras funcionalidades. O desenvolvimento dessa parte cabe aos designers do projeto; são eles que se dedicam a tornar a experiência de uso a melhor possível, seja otimizando a quantidade de cliques ou tornando a navegabilidade fluida, intuitiva e agradável.

Um exemplo de ótima experiência de front-end é o modelo de venda dos carros elétricos da Tesla: ele possibilita a compra dos veículos

> **É O BUSINESS QUE DITA A SOLUÇÃO A SER DESENVOLVIDA E QUAL SERÁ SUA FUNÇÃO E OBJETIVOS BASEADOS NAS NECESSIDADES DO USUÁRIO FINAL.**

tão desejados pelo celular, de modo rápido, simples e seguro. Em poucos cliques, você escolhe seu modelo, paga no cartão de crédito online e finaliza a aquisição sem qualquer atropelo. Tudo é intuitivo e amigável para o cliente.

Cabe destacar que, quando falamos de designer, não estamos falando de uma única atividade, mas de uma série de subáreas, divididas por especificidades. Temos, portanto, o user experience (UX) designer, o profissional que desenha o fluxo de experiência do cliente; o user interface (UI) designer, que determina como serão feitas as interações entre pessoas e softwares ou aplicativos; e o visual designer, que materializa essas decisões em formas e cores. E em muitos casos de projetos específicos, temos também interaction designer que foca na criação de interfaces interativas, garantindo que o produto seja intuitivo e acessível; o user interface (UI) designer que, embora muitas vezes combinado com o UX designer, se concentra mais especificamente na aparência e no layout das páginas ou componentes de software; até o accessibility specialist que foca em tornar os produtos acessíveis a todas as pessoas, incluindo aquelas com deficiências, garantindo que o design atenda a padrões de acessibilidade como o Web Content Accessibility Guidelines (WCAG).

Nenhuma linha ou botão, portanto, é colocada à toa e tudo tem um porquê bem fundamentado para estar onde está, seja um totem de atendimento no meio do shopping ou um aplicativo para negociações de ações e outros ativos de renda variável na bolsa de valores.

Precisamos deixar claro, porém, que todo esse trabalho de back-end e front-end é fruto de decisões que devem vir a partir do que se deseja melhorar na empresa ou na experiência do cliente/usuário. É o business que dita a solução a ser desenvolvida e qual será sua função e objetivos baseados nas necessidades do usuário final. Sem essa interação, a tecnologia não cumprirá seu propósito de resolver a dor de alguém.

Arquitetura básica

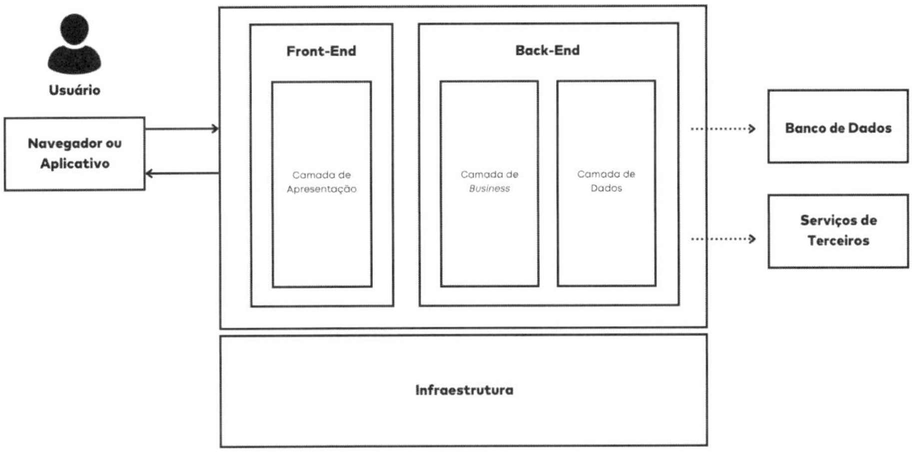

CONFIGURAR, **CUSTOMIZAR** OU CONSTRUIR?

Como dissemos anteriormente, no caso de empreendedores que estão fazendo escolhas para atingir objetivos específicos — melhorar a experiência do cliente, reduzir custos ou aumentar receitas, para citar alguns —, a primeira decisão é entender qual o melhor caminho a seguir: usar tecnologias prontas (configurar algo que já existe), adaptar tecnologias disponíveis (customizar) ou criar algo do zero (programar)?

Configurar é mais rápido e prático, porém "pasteurizado" para todos os usuários. Customizar é um pouco mais caro e demorado, mas entrega soluções mais personalizadas para diferentes perfis de usuários. Já programar é mais custoso e demorado, no entanto, pode atender com exatidão à necessidade de transformação digital projetada.

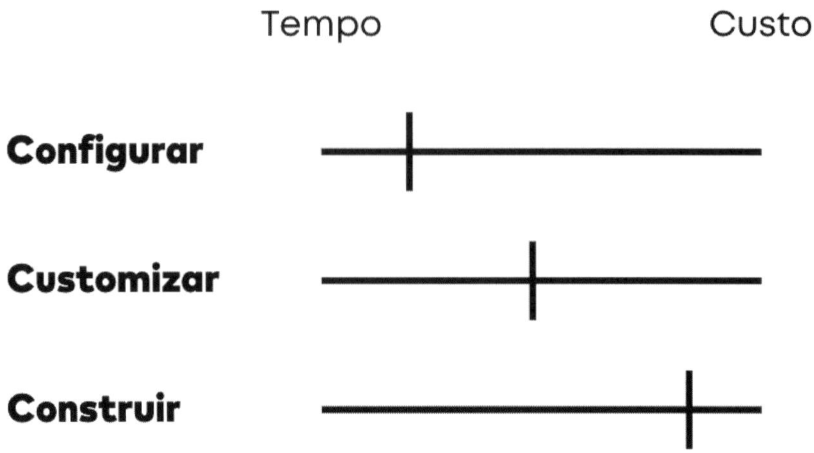

Um modo simples de entender isso é imaginar (mais uma vez!) a construção de uma casa. A maneira mais rápida de erguer um imóvel é adquirir um desses modelos pré-fabricados: basta escolher uma opção no catálogo, configurar escolhas básicas de composição e acabamento, e lá está a casa, prontinha para morar.

A segunda alternativa, um pouco mais cara e lenta, é escolher um modelo mais "customizável", no qual é possível customizar cômodos, tamanhos e padrões. Nesse caso, você terá que arcar com um custo maior e esperar os ajustes no projeto. Já a terceira possibilidade é construir a própria casa do jeito que você deseja, sem interferências ou controles, porém demandando mais tempo de espera e mais disponibilidade financeira para custos maiores. Tudo, portanto, é uma questão de escolhas — e recursos disponíveis.

Vamos a um exemplo de um hospital que necessita organizar com mais precisão as informações de seus pacientes para poder melhor atendê-los em visitas futuras. Ele pode comprar um sistema de prontuário eletrônico pronto de uma das várias empresas que oferecem a solução, pagando uma assinatura mensal (subscription). Nesse caso, o sistema pouco ou nada possibilita o uso de APIs (Application programming interface, sigla em inglês) e outras tecnologias para poder diferenciar as características dos pacientes de diferentes serviços (UTI, consultórios, medicina diagnóstica). Numa segunda situação, há plataformas de prontuário eletrônico que fornecem uma infraestrutura que permite à equipe de tecnologia dessa instituição de saúde fazer adaptações importantes para atender às necessidades específicas de cada um dos serviços, ou seja, embora a solução vendida por uma empresa terceira já esteja pronta, ela traz a facilidade de poder ser bastante customizada de acordo com particularidades requeridas pelos gestores do hospital. Em um último cenário, os líderes do hospital junto com o time de TI tomam a decisão de que nenhuma solução tecnológica disponível no mercado tem condições de atender bem às necessidades de registros e gestão de dados dos pacientes de diferentes unidades de atendimento e, assim, decidem construir do zero o seu sistema de prontuário eletrônico. Com certeza, esse é o caminho que mais demandará investimento de energia, tempo e dinheiro.

Em nossa opinião, hoje são raros os casos em que uma pequena e média empresa precisará desenvolver do zero alguma solução tecnológica que necessite para melhorar suas operações. Praticamente quase tudo que pensarmos em termos de sistemas, plataformas, aplicativos e estruturas tecnológicas está disponível no mercado, sendo vendidas pelo modelo de assinatura mensal por empresas de tecnologia.

FRAMEWORKS

Outro conceito importante da tecnologia para se ter em mente é o de **framework**.

Framework é uma espécie de carcaça, uma estrutura que "serve de base para a construção de aplicações web de finalidade específica cujo desenvolvimento pode ser muito custoso e/ou problemático." Na literatura, por exemplo, um tipo de framework muito famoso é a Jornada do herói, um formato de storytelling (contação de histórias) cujo fio condutor leva o leitor a reagir à narrativa conforme desejado pelo autor.

E por que o framework é importante para a tecnologia? Porque permite o desenvolvimento de soluções (ex.: aplicativos, sistemas, sites etc.) a partir de um padrão já conhecido, o que representa mais segurança e economia de tempo, uma vez que funcionalidades básicas não precisarão ser criadas do zero. Sendo assim, sobram mais recursos para serem investidos em outras funções e requisitos mais inovadores. No mundo da tecnologia, a troca de melhores práticas e conhecimento é feita através de frameworks e, como se deve imaginar, eles estão disponíveis em várias áreas como desenvolvimento de aplicativos e sistemas (ex.: Angular e React), gestão de projetos (ex.: Scrum e Lean), teste e garantia de qualidade (ex.: Selenium e JUnit), integração e entrega contínuas (ex.: Jenkins e GitLab CI), segurança de aplicações (ex.: OWASP e Spring Security), gerenciamento de dados e bancos de dados (ex.: Hibernate e Entity Framework), entre outros. Trouxemos esses exemplos para pontuar que, para tudo que deseja fazer com a tecnologia digital, provavelmente sua equipe de TI irá utilizar algum ou vários frameworks.

PLATAFORMAS **DIGITAIS** E CLOUD SERVICE

Dando continuidade, vale a pena falarmos sobre as plataformas digitais, que chegaram para resolver o problema de muitas empresas. Se antes, os empreendedores e suas equipes precisavam desenvolver sistemas, sites ou soluções para seus negócios — o que demandava mais custos e tempo —, hoje existem ferramentas completas que entregam uma infraestrutura pronta para rodar diversas aplicações com segurança, agilidade e eficiência.

As plataformas digitais são, portanto, modelos de negócios que conectam consumidores e empresas por meio da tecnologia, seja simplificando as etapas de um processo de compra. Alguns exemplos: o WordPress, bem como o PayPal e o PagSeguro, oferecem a estrutura, são plataformas, para a criação de websites e soluções de pagamentos, respectivamente.

Hoje existem infinitos recursos dessa natureza, sendo a maioria de fácil operação em navegadores comuns da web e hospedada em cloud services, ou seja, utilizando serviços de nuvem.

Mas o que é computação em nuvem?

A computação em nuvem é um modelo de fornecimento de serviços de tecnologia da informação que permite o acesso remoto a recursos de computação configuráveis, como servidores, armazenamento de dados, redes, aplicações e serviços, que podem ser rapidamente provisionados e liberados com mínimo esforço de gestão ou interação do provedor de serviços. Essa abordagem oferece vários benefícios em comparação com os sistemas de computação tradicionais, sem a necessidade de investir e manter qualquer estrutura física de servidores.

Gigantes do e-commerce como Amazon, Alibaba e Mercado Livre usam serviços em nuvem para hospedar seus sites, gerenciar bancos de dados de produtos, processar pedidos e lidar com a logística de entrega. Redes sociais como Facebook, Instagram e Twitter também usam cloud services para hospedar seus aplicativos e dados, além de processar e armazenar conteúdo gerado pelos usuários.

A computação em nuvem transformou a forma como as empresas operam, permitindo-lhes ser mais ágeis, inovadoras e eficientes em seus processos. Aqui estão alguns dos modelos desses serviços:

MODELOS DE SERVIÇO:

- **Software como Serviço (SaaS):** Aplicações de software entregues pela internet, eliminando a necessidade de instalar e executar aplicações nos computadores locais.
- **Plataforma como Serviço (PaaS):** Oferece um ambiente de desenvolvimento e hospedagem completo na nuvem, com recursos que permitem aos clientes desenvolver, executar e gerenciar aplicações sem a complexidade de construir e manter a infraestrutura.
- **Infraestrutura como Serviço (IaaS):** Recursos de processamento, armazenamento e redes são disponibilizados aos usuários sob demanda, com controle total sobre os sistemas operacionais, aplicações, armazenamento e recursos de rede limitados.

MODELOS DE IMPLANTAÇÃO:

- **Nuvem pública:** Os serviços são entregues pela internet e compartilhados entre várias organizações.
- **Nuvem privada:** Infraestrutura dedicada a uma única organização, proporcionando controle completo sobre os dados, segurança e qualidade de serviço.
- **Nuvem híbrida:** Combina elementos de nuvens públicas e privadas, permitindo que as organizações aproveitem o melhor de ambos os mundos.

O uso de serviços em nuvem permite que essas e infinitas outras plataformas sejam escaláveis, flexíveis e econômicas, e tenham um crescimento rápido para atender a um grande número de clientes sem precisar investir em infraestrutura própria. Essa é uma dor que a tecnologia já resolveu.

CASE STUDY:
A Visão de Mark Benioff e o Impacto da Salesforce no Cloud Computing

Não se pode falar sobre computação em nuvem sem citar a Salesforce. No livro "Behind the Cloud," Mark Benioff, fundador da Salesforce, narra a trajetória inovadora da empresa desde sua criação até se tornar uma líder global em soluções de computação em nuvem. Este case study explora como a visão de Benioff não apenas moldou a Salesforce, mas também teve um papel crucial na expansão e aceitação de computação em nuvem nas empresas modernas.

Problema

No final dos anos 90, a ideia de entregar software através da internet era revolucionária. A maioria das empresas dependia de soluções on-premise (servidores locais gerenciados pela própria empresa), que eram caras e complexas para instalar e manter. Benioff, percebendo as limitações desse modelo tradicional, vislumbrou uma nova maneira de acessar software — através da nuvem.

Solução

Com a Salesforce, Benioff introduziu o modelo de Software como Serviço (SaaS — Software as a Service em inglês), uma ruptura com os modelos tradicionais de TI. A proposta era simples: oferecer software diretamente pela internet, eliminando a necessidade de infraestrutura física pesada e reduzindo significativamente os custos de entrada para os clientes.

Implementação

A Salesforce começou como uma solução de CRM entregue inteiramente pela nuvem. A implementação dessa ideia enfrentou ceticismo inicial, mas a facilidade de uso, a escalabilidade e o custo-benefício do produto rapidamente conquistaram clientes. A empresa adotou uma estratégia de marketing agressiva, destacando as vantagens da nuvem, e iniciou uma série de eventos chamados "Salesforce Tours" para educar o mercado.

Resultados

A abordagem da Salesforce provou ser extremamente bem-sucedida. A empresa não só cresceu exponencialmente, mas também pavimentou o caminho para que outras soluções de software seguissem o modelo SaaS. Com o tempo, a Salesforce expandiu sua oferta, desenvolvendo uma plataforma que permite aos clientes criar suas próprias aplicações adaptadas às necessidades específicas de seus negócios.

Impacto no Setor

A visão de Benioff e a ascensão da Salesforce foram fundamentais para a legitimação da computação em nuvem como o futuro da tecnologia da informação. A Salesforce transformou o mercado, desafiando o status quo e demonstrando que a nuvem poderia oferecer não apenas eficiência operacional, mas também inovação constante.

Conclusão

A história de Mark Benioff e da Salesforce é um testemunho do poder da inovação disruptiva e da visão estratégica. Ao desafiar as normas estabelecidas e persistir em sua visão, Benioff não apenas construiu uma das empresas mais bem-sucedidas do mundo, mas também ajudou a moldar o futuro do software empresarial. O legado de sua visão continua a influenciar como as empresas pensam e utilizam tecnologias hoje.

ANÁLISE DE DADOS

Saindo do universo da nuvem, vamos entender um pouco como a tecnologia lida com a análise de dados, o que pode ser muito útil para pequenas e médias empresas. Sistemas como CRM, BI e ERP funcionam como interfaces de fácil navegação para a organização de dados de clientes, fornecendo insights e indicadores para auxiliar empreendedores e líderes em suas tomadas de decisão na gestão dos negócios.

Por meio desses sistemas, os gestores podem avaliar suas áreas de expansão, qual seu público potencial, as características dos principais clientes e o que eles enxergam como valor, entre milhares de outras possibilidades. A sistematização e o processamento dos dados analisam a situação presente e possíveis cenários, conectam-se com outras plataformas e entregam, em poucos segundos, uma base de pesquisa que levava semanas para ser levantada manualmente. Como resistir a essa facilidade?

INTELIGÊNCIA ARTIFICIAL

Embora seja um termo difundido há anos, a inteligência artificial (IA) parece, enfim, ter se tornado mais acessível para o público em geral e para todos os empreendedores e profissionais que não são especialistas em tecnologia. Grande parte dessa massificação veio na onda do ChatGPT, uma plataforma que busca simular o funcionamento do cérebro humano e tem provocado inúmeras discussões sobre o poder do uso da IA em nosso dia a dia.

> ASSIM COMO A ELETRICIDADE, A IA NÃO REALIZA NADA EM SI MESMA; SUA FUNÇÃO SÓ APARECE QUANDO ASSOCIADA A ALGUM RECURSO MAIS CONCRETO QUE REQUER UM USUÁRIO IMPUTANDO COMANDOS DAQUILO QUE ELE DESEJA ENTENDER OU RESOLVER.

Mas afinal, o que é a IA, como ela funciona e quais suas principais utilidades para a vida como conhecemos hoje? Em resumo, IA é uma espécie de emulação do cérebro humano: são sistemas computadores que reproduzem nosso modo de pensar e reagir, e realiza análises e entrega respostas com base naquilo que um ser humano seria capaz de fazer. Essa simulação é feita por meio da "tradução" dos nossos sentidos, por meio de comandos de fala, visão, escuta e digitação de textos.

A IA, portanto, não é uma tecnologia isolada, mas um conjunto de várias tecnologias funcionando integradas que aceleram e expandem a capacidade humana por meio de máquinas e computadores. Assim como a eletricidade, a IA não realiza nada em si mesma; sua função só aparece quando associada a algum recurso mais concreto que requer um usuário imputando comandos daquilo que ele deseja entender ou resolver.

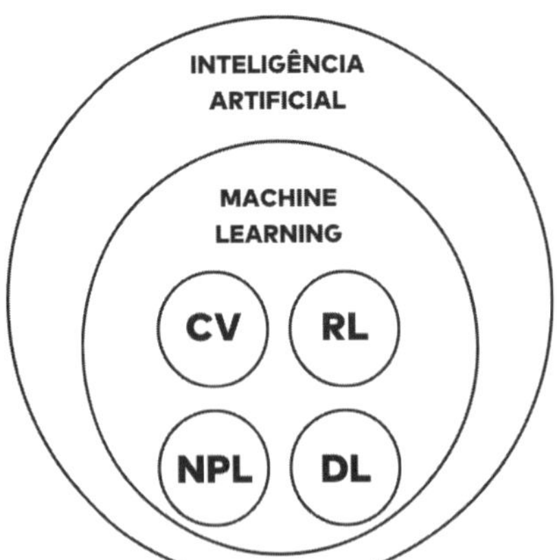

= **MÍMICA DO CÉREBRO HUMANO ATRAVÉS DE TECNOLOGIAS (NEURAL NETWORK)**

Um exemplo dessa aplicação é o machine learning, uma tecnologia que permite aos computadores observar o que se passa ao seu redor e, a partir dos dados coletados, aprender e criar padrões de comportamento. Essas entradas de informação podem se dar de modo auditivo ou visual — neste segundo caso, estamos falando do computer vision (CV), uma inteligência que simula a visão humana para interpretar o mundo e digitalizá-lo.

Uma aplicação clássica do computer vision são os códigos de barra ou QR-codes, padrões "lidos" pelas máquinas para transformar algo físico em digital. Podemos incluir também as identificações automáticas de rostos nas fotos digitais armazenadas pelo celular, para desbloqueio de aplicativos ou o atual "treinamento" do carro da Tesla, cujo computador de bordo "escaneia" a cidade e se nutre de informações para instruir e guiar o carro sem motorista.

Ainda dentro da machine learning, há o reinforcement learning (RL), um tipo de programação que pode ser traduzido como aprendizado por reforço. Na prática, o computador utiliza uma dinâmica de tentativa e erro para encontrar uma solução para um determinado problema. Para que a máquina faça o que o programador deseja, o robô recebe recompensas ou penalidades pelas ações que executa. Seu objetivo é maximizar a recompensa total, aprendendo a chegar ao desfecho de maneira rápida e eficiente.

Muito empregada na robótica, jogos e saúde, esse tipo de linguagem também tem sido vista no e-commerce. Um exemplo é o site AliBaba, que desenvolveu um mecanismo no qual o usuário ganha ou perde pontos a partir do seu comportamento no momento da compra. A inteligência artificial então foi treinada para antever essas reações até chegar ao ponto de conseguir prever a probabilidade de conversão de venda de um item específico para um cliente.

Quando fazemos uma pesquisa aleatória em um buscador e, logo em seguida, recebemos um anúncio patrocinado de um produto semelhante ao que buscamos, bingo!, também é o reinforcement learning (RL) que está por trás disso.

Dentro da inteligência artificial, uma programação cada vez mais comum é o Natural Language Processing ou Processamento de Linguagem Natural (NPL), uma espécie de emulação da linguagem humana realizada pelas máquinas em formato de texto ou voz. Para tornar as respostas cada vez mais naturais, os programadores utilizam teorias e técnicas de áreas como fonoaudiologia, linguística e semântica para fornecer subsídios aos computadores.

Muita gente já interagiu com esse tipo de IA sem nem mesmo saber: são as assistentes virtuais — como a Siri, da Apple, e a Alexa, da Amazon —, os chatbots e os corretores automáticos do celular, que completam o que estamos digitando a partir de um padrão reconhecido pela máquina.

Para fechar esse tópico sobre IA, vamos falar do deep learning, que diz respeito à oportunidade de aprendizagem profunda com o uso de redes neurais para melhorar as coisas, tais como reconhecimento de fala, visão computacional e processamento de linguagem natural.

Deep learning funciona como um sistema que observa e aprende continuamente a partir dos dados que processa. Após analisar milhões de informações, o modelo começa a identificar padrões e a fazer conexões entre os dados. Com isso, ele gera um resultado baseado em tudo o que foi analisado — como as recomendações de álbuns no Spotify, que são feitas com base no que a tecnologia entende serem as preferências e interesses do usuário.

Deep Learning utiliza camadas de neurônios artificiais para processar dados, interpretar a fala humana e reconhecer objetos visualmente. As informações são transmitidas sequencialmente de uma camada para a outra, com a saída de uma servindo como entrada para a próxima. A camada inicial de uma rede é denominada camada de entrada, e a final, camada de saída. As camadas intermediárias são conhecidas como camadas ocultas. Cada uma dessas camadas contém um algoritmo simples que emprega um tipo específico de função de ativação.

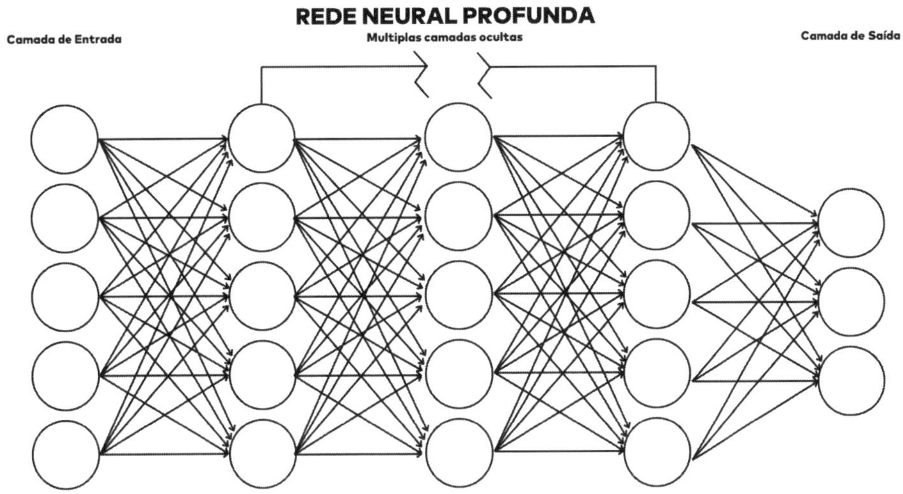

Embora todos esses conceitos que trouxemos brevemente pareçam ora confusos, ora complexos demais, todos já estão no nosso dia a dia. E as empresas — e até mesmo os profissionais liberais e autônomos — que não entenderem minimamente essa presença não sobreviverão a longo prazo.

Toda empresa tem conhecimento e especialização em alguma coisa, seja na indústria, comércio, educação etc. Seus produtos e serviços devem resolver o problema de alguém. Imagine um escritório de advocacia, cujo objetivo é vender conhecimento técnico e interpretação das leis. Em tese, não precisamos mais de advogados para ações simples como escrever um contrato de aluguel de um imóvel, por exemplo, porque esse conteúdo está acessível a poucos cliques na tela do celular.

No entanto, vamos continuar precisando de profissionais que nos forneçam um conhecimento mais analítico, aprofundado e façam o que a máquina não é capaz de fazer. Não devemos, portanto, ter medo da inteligência artificial, mas usá-la a nosso favor para ganhar agilidade, qualidade e capacidade de escala naquilo que, dependendo somente do nosso cérebro, não conseguiríamos realizar.

E como fazer isso na vida real sem ser um especialista em tecnologia? Buscando conhecer os recursos disponíveis e experimentando cada um deles, sem medo de errar, como já dissemos antes. Uma apresentação comercial que demorava horas para ser montada, hoje pode ser feita em minutos pela IA. Um contrato pode ser redigido em segundos pelo ChatGPT. O céu é o limite para as possibilidades atualmente disponíveis e de fácil acesso. Quem souber aproveitar essa tecnologia se tornará mais competitivo e terá grande chance de sair na frente.

BLOCK O QUÊ?

Você certamente já deve ter ouvido falar em blockchain mas não faz a mínima ideia do que seja. Se essa é sua realidade, fique tranquilo. Esse termo ainda gera uma grande confusão em muita gente, apesar de estar cada dia mais difundido em todo o mundo.

Para explicar o blockchain de maneira clara e objetiva, vamos remeter à pergunta que fizemos no início do livro. Afinal, que problema esse tipo de tecnologia veio para resolver? Em poucas palavras: assegurar a transação de dados entre duas ou mais partes de modo rápido e altamente seguro, eliminando todo e qualquer intermediário humano.

Esse tipo de tecnologia é importante porque permite o compartilhamento transparente de informações entre diferentes computadores conectados em rede, onde cada um funciona como um central.

Pense no blockchain como o armazenamento de blocos interligados em uma cadeia, cujos dados são cronologicamente consistentes e é impossível excluir ou modificar essa cadeia sem o consenso da rede. Na prática, o sistema impede a entrada de transações não autorizadas e protege a visualização compartilhada dessas transações.

Como associação, podemos pensar no blockchain como uma espécie de "livro-razão" que fica disponível em vários lugares ao mesmo tempo e com as mesmas informações. Se um deles queimar, milhares de outros sobreviverão intactos, sem afetar o sistema inteiro. Isso significa muito mais transparência e segurança no processamento de transações financeiras, criptoativos, contratos digitais, cadeias logísticas e diversas outras aplicações.

WEB **1.0, 2.0, 3.0**

Avançando mais um passo, cabe-nos trazer à luz o conceito de Web 3, que é a terceira evolução, a terceira geração, da internet. Se na Web 1.0 tínhamos a conexão entre computadores e na Web 2.0 vimos acontecer a interatividade e o compartilhamento de informações entre pessoas, na Web 3 demos um passo ainda maior. Agora temos uma internet descentralizada, que oferece mais privacidade e segurança de dados, e utiliza tecnologias como blockchain e criptomoedas para criar um espaço virtual mais blindado à censura e manipulação de informações.

Isso significa que os usuários podem navegar na internet livres da preocupação de terem seus dados pessoais sendo compartilhados com anunciantes ou outras empresas. Em uma operação de e-commerce, por exemplo, o cliente tem toda sua informação numa espécie de carteira própria e pode negociar diretamente com o vendedor sem a figura de intermediadores como bancos ou outras instituições financeiras. A plataforma de marketplace, nesse caso, é somente um ambiente onde a transação acontece.

Por possuir tais características, a Web 3 vem permitindo a criação de novos modelos de negócios, como a tokenização de ativos, que nada mais é do que transformar um ativo qualquer em uma representação digital, ou seja, algo que só existe no meio eletrônico. Um token, portanto, funciona como um certificado, um recibo de posse desse ativo — como dinheiro, propriedade ou obra de arte —, registrado em uma blockchain.

Para compreender melhor, podemos comparar a tokenização como a compra virtual de um ingresso para um show. O token seria o registro digital que representa a validade desse ingresso, podendo este ser vendido ou transferido para outra pessoa. Além disso, os tokens também podem ser divididos em frações menores, permitindo que mais pessoas possam investir nele, tornando o acesso a esse ativo mais democrático.

NFTs

Agora que você já entendeu o que é token, podemos falar de NFTs (non-fungible tokens, sigla em inglês), um termo cada dia mais conhecido na atualidade, que pode ser traduzido como tokens não-fungíveis. Segundo o Dicionário Michaelis de língua portuguesa, fungível significa: "Coisas móveis que, por convenção das partes, podem ser substituídas por outras da mesma espécie, qualidade e quantidade, como o dinheiro, os cereais, o vinho etc." Não-fungível, portanto, seria algo único, impossível de ser trocado por outro igual, como a tela "Os girassóis" do pintor holandês Vincent Van Gogh.

Na prática, um NFT é a representação de um item exclusivo, um certificado digital de propriedade que qualquer um pode ver e confirmar a autenticidade, mas ninguém pode alterar. O caso mais famoso de negociação de um NFT foi a venda da obra "The Merge", do artista digital anônimo Pak.

A obra foi comprada por cerca de 29 mil pessoas, que adquiriram as mais de 312 mil cotas disponibilizadas, por US$ 91,8 milhões, em dezembro de 2021. Hoje, todos esses compradores são donos da obra, considerada a mais valiosa do mundo de um artista vivo. Parece surreal? Acredite, cada vez mais, esse tipo de transação tem se tornado comum.

5G E IOT

Para fechar esse capítulo, vale comentar duas importantes tecnologias que estão revolucionando nossos cotidianos, seja dentro de casa ou das empresas. A primeira delas é a conexão 5G, a quinta geração de conectividade para dispositivos móveis, como o celular, que veio para revolucionar as anteriores (2G, 3G e 4G).

Ainda em expansão no mundo, a tecnologia 5G tem como principal diferencial de suas antecessoras a velocidade, permitindo que os usuários baixem arquivos grandes, assistam a vídeos em altíssimas velocidades e resolução e realizem videochamadas sem interrupções. Além disso, com o 5G, o tempo que leva para os dados viajarem de um dispositivo para outro por meio da rede foi reduzido, o que significa conexões mais responsivas e melhor funcionamento dos aplicativos em tempo real.

Outra vantagem do 5G é utilizar uma combinação de frequências de rádio capazes de transmitir dados em distâncias mais curtas, mas com maior largura de banda. Isso melhora a cobertura em áreas onde as redes anteriores têm dificuldade em alcançar. Para finalizar, essa tecnologia suporta um grande número de dispositivos conectados simultaneamente. Isso é especialmente útil em ambientes onde dispositivos como sensores e câmeras precisam se comunicar uns com os outros constantemente, o que nos leva a outro conceito: a internet das coisas (IoT).

Também conhecida como IoT, a internet das coisas surgiu quando profissionais de tecnologia começaram a perceber que muitos equipamentos domésticos estavam gerando dados e que a conectividade dos objetos estava cada dia maior. E se pudéssemos então utilizar essas informações para melhorar a vida cotidiana? E se a geladeira, conectada no wifi da casa, pudesse nos comunicar o que está faltando sem precisarmos olhar dentro dela?

Dessa provocação, surgiu a tecnologia de IoT para se referir à conexão de dispositivos eletrônicos à internet, permitindo que sensores, medidores, eletrodomésticos, sistemas de segurança e equipamentos industriais se comuniquem entre si sem intervenção humana direta.

A ideia por trás da IoT é que esses dispositivos possam coletar dados do ambiente em que estão inseridos e compartilhá-los para melhorar processos ou oferecer serviços personalizados. Por exemplo, sensores em uma casa conectada à IoT podem monitorar a temperatura, a umidade, a presença de pessoas e ajustar a iluminação, o ar-condicionado e outros sistemas automaticamente para garantir o conforto e a eficiência energética.

Todos esses conceitos que lidamos neste capítulo parecem longe da realidade da sua empresa? A princípio, talvez seja. Porém, não tanto assim. Nas páginas a seguir, vamos ensinar como identificar o que se aplica ao seu contexto e como a tecnologia pode alavancar seus negócios.

Neste capítulo, exploramos o panorama das tecnologias essenciais disponíveis hoje e como elas podem ser aplicadas de maneira estratégica em seu negócio. Com uma abordagem que descomplica o complexo mundo da transformação digital, discutimos desde o papel fundamental dos arquitetos de sistemas até a implementação prática de soluções como back-end e front-end. Também abordamos a importância de escolher entre configurar, customizar ou construir soluções tecnológicas, além de introduzir conceitos avançados como blockchain, inteligência artificial e a promessa da Web 3.0. Este capítulo é essencial para entender como navegar eficientemente pelo ecossistema digital e fazer escolhas tecnológicas informadas que impulsionam o crescimento empresarial."

Continue seu aprendizado online.

8

CAPÍTULO **8**

POR QUE TRAZER **MAIS TECNOLOGIA** PARA SUA **EMPRESA**? (POR ONDE **COMEÇAR**)

POR QUE TRAZER **MAIS TECNOLOGIA** PARA SUA **EMPRESA**? (POR ONDE **COMEÇAR**)

8

Quais são os principais problemas da minha empresa? Onde estão os gaps de ineficiência e improdutividade? Quais são as necessidades mais urgentes? Eu conheço bem meus processos? Como posso aproveitar as oportunidades do mercado para crescer e expandir meus negócios? Como a tecnologia pode ajudar nisso?

Fazer essas perguntas a si mesmo é uma atividade primordial para qualquer empreendedor, afinal, é pouco provável que os negócios prosperem sem um objetivo claro e preciso a ser perseguido.

Talvez você esteja pensando que essa reflexão é apenas uma teoria bonita, aplicável apenas em livros de gestão e pouco útil na prática. Neste capítulo, vamos desmistificar esse pensamento e apresentar casos reais de empresas com as quais trabalhamos e ajudamos a resolver problemas.

Para começar, vamos contar a história da CambioReal, uma empresa de tecnologia fundada por Cassel, que viu uma oportunidade no mercado e desenvolveu uma solução agora disponível para resolver os problemas de outras empresas: desburocratizar e agilizar pagamentos realizados entre empreendedores de diferentes países.

O que os inovadores da CambioReal perceberam? Eles notaram que a dor de muitos empreendedores ao fazer negócios internacionais estava na transação financeira, uma etapa que envolve legislações específicas de cada local e diversas exigências de compliance.

Por incrível que pareça, cobrar de clientes brasileiros por um serviço realizado nos Estados Unidos, por exemplo, exigia processos manuais e vários entraves na hora de transferir o dinheiro. Essa dificuldade fazia com que muitos empreendedores desistissem de expandir sua atuação, restringindo as oportunidades de aumentar as vendas.

Após analisar todas as etapas do fluxo, a CambioReal desenvolveu uma solução que chamada Cambio Checkout facilitou a vida de todos os envolvidos: uma plataforma online capaz de descomplicar a transmissão financeira, independentemente dos países em que vendedores e compradores estejam.

O funcionamento da ferramenta é bastante simples. As empresas americanas que adotam a solução só precisam disponibilizar um botão da CambioReal em seus sites. Após escolher os produtos/serviços, os clientes brasileiros clicam no botão e visualizam o valor da compra em dólares.

Em seguida, escolhem o método de pagamento (Pix, cartão de crédito ou boleto) e pagam em reais, no Brasil, com a cotação do momento. Em até três dias úteis, o valor integral em dólares é depositado na conta bancária do empreendedor nos EUA. Rápido e fácil.

O mais importante, nesse caso, é perceber que a Cambio Checkout enxergou as dificuldades enfrentadas por outros empreendedores, entendeu os desafios mais críticos e só então criou uma solução tecnológica capaz de resolver esses problemas.

FAÇA **PERGUNTAS** A PARTIR DE SUAS **DORES**

A dor do cliente é o ponto de partida para tudo o que vem a seguir na busca por uma solução. Para acessá-la em sua essência, deve-se seguir a trilha das perguntas certas. Seja médico, consultor, dono de empresa de varejo ou gestor de uma indústria, o profissional deve estar mais concentrado em se questionar do que obter respostas imediatas.

Imagine um empreendedor que está sofrendo porque sabe que seu negócio inteiro depende de um único produto e há um forte risco de ser engolido pela concorrência. Nesse caso, quais seriam as perguntas a serem feitas? Podemos sugerir algumas:

- Como posso criar uma nova fonte de receita dentro do meu negócio?
- Quais mercados eu posso explorar com a expertise, conhecimento e base de dados que eu tenho hoje?
- Como posso fazer o que já faço com melhor qualidade e mais tempo, ganhando a confiança do cliente e fidelizando-o para futuros negócios?

Vamos propor um exercício: acesse o aplicativo do ChatGPT e faça um histórico da sua empresa. Escreva o que você faz, qual seu público, missão, visão e valores. Alimente a Inteligência Artificial com as informações que considerar relevantes e depois pergunte: quais são as maiores dores que enfrento hoje? Que oportunidades posso aproveitar para crescer e ganhar escala? Onde devo investir em inovação?

Mesmo que as respostas, em geral, pareçam artificiais, essa pode ser uma experiência interessante para abrir sua cabeça e provocar reflexões que talvez não tenham surgido antes, além de treinar seu cérebro para aprender a fazer as perguntas corretas.

> NÃO ADIANTA BUSCAR FERRAMENTAS NA INTERNET PARA SOLUCIONAR PROBLEMAS SE NÃO SOUBERMOS FAZER AS PERGUNTAS CERTAS E SABER ONDE USÁ-LAS.

Nos dias de hoje, muitas pessoas podem passar horas falando sobre si mesmas, mas pouco perguntam sobre o outro — o que seria uma ótima maneira de melhorar a interação e trazer trocas mais profundas de conhecimentos. Costumamos dizer que a qualidade das conexões humanas está na quantidade de perguntas que as pessoas se fazem, pois isso demonstra interesse em ouvir e conhecer quem está do outro lado. Dizemos isso porque percebemos, a partir de nossa experiência, que não é pequeno o número de proprietários e colaboradores de pequenas empresas que poucas perguntas fazem aos seus clientes e pouco investem tempo em aprofundar sua relação com eles. Se uma empresa necessita desenvolver novos mercados, por exemplo, é fundamental que interaja com os clientes, entendendo-os a fundo, descobrindo suas características, como pensam, o que pensam, quais seus maiores medos, quais seus maiores sonhos etc. Para essa descoberta, uma das melhores formas é perguntar a eles e ouvir atentamente.

Você já teve a sensação de sair de um jantar com alguém e dizer a si mesmo "Puxa, que papo legal"? Quando isso acontece, certamente é porque você teve a oportunidade de perguntar e responder, refletir sobre algo que aprendeu e descobrir coisas novas.

Muito tem se falado sobre como a Inteligência Artificial vai mudar a dinâmica das interações humanas, possivelmente levando a um certo tipo de distanciamento nas relações. Sim, acreditamos que uma transformação profunda vai acontecer, no entanto, preferimos olhar para a metade cheia desse copo.

Com o ChatGPT, por exemplo, temos a oportunidade de aprender a fazer perguntas melhores. Isso será um grande ganho para uma sociedade que anseia por respostas rápidas para tudo. Por isso, batemos tanto na tecla de que não adianta buscar ferramentas na internet para solucionar problemas se não soubermos fazer as perguntas certas e saber onde usá-las.

OTIMIZAR FLUXOS PARA **MELHORAR** EFICIÊNCIA

Nesse processo de procurar as perguntas corretas, vale sempre o ditado: dois cérebros pensam melhor do que um — e quantos mais cérebros, melhor. Um dos maiores erros dos donos de empresa é acharem que são superiores e sabem mais sobre o negócio do que qualquer outra pessoa. Embora possam até dominar mais de uma área da empresa e ter mais afinidade com determinados processos, nunca conhecerão tudo com profundidade.

> UM LÍDER NÃO É ALGUÉM A QUEM FOI DADA UMA COROA, MAS A QUEM FOI DADA A RESPONSABILIDADE DE FAZER SOBRESSAIR O MELHOR QUE HÁ NOS OUTROS.

Jack Welch, considerado um dos maiores gestores da história e responsável por tornar a General Electric (GE) a maior empresa de capital aberto dos Estados Unidos, disse mais de uma vez em palestras e textos que escreveu: "Um líder não é alguém a quem foi dada uma coroa, mas a quem foi dada a responsabilidade de fazer sobressair o melhor que há nos outros." Na prática, isso significa que um líder deve ter humildade e saber abrir caminhos para que todos prosperem, sem medo de contratar pessoas mais inteligentes que ele, pois assim ele também aumenta sua base de conhecimento.

Certa vez, atendemos uma pequena empresa de design gráfico que prestava serviços de adesivação para veículos. Seu principal serviço era basicamente criar comunicações visuais para "envelopar" carros e vans de outras empresas. Para efetivar uma venda, o fluxo funcionava da seguinte maneira:

1. Cliente liga para a empresa solicitando informações sobre o serviço;
2. Atendente pede que o cliente leve o veículo até a empresa para conferir modelo e realizar as medições necessárias;
3. Cliente leva o veículo, conforme solicitado, faz um briefing sobre o que espera da adesivação e recebe o orçamento;
4. Se o serviço for contratado, a empresa desenha a estampa e encaminha uma prova digital para aprovação do cliente;
5. Se não aprovado, o desenho volta para a equipe de design. Se aprovado, o pedido segue para a produção, onde são feitos os recortes do material;
6. Por fim, o cliente leva o veículo para adesivação e o serviço é concluído.

Nem sempre, porém, a conclusão era tão simples assim. Muitas vezes, o resultado não saía conforme o esperado devido a medidas tiradas de modo incorreto, cortes malfeitos ou cores diferentes das aprovadas. Isso resultava em enormes retrabalhos para as equipes e muitos prejuízos internos. Houve até um caso no qual o mesmo veículo precisou ser adesivado vinte vezes por diferentes motivos.

Apesar de parecer que havia um fluxo lógico, isso não era verdade. Esse foi o primeiro erro que constatamos: não havia processos bem definidos para agilizar o pedido, validar o material, controlar qualidade e reduzir as margens de erro.

Depois de entender todos esses problemas na empresa, reunimos a equipe, desenhamos os processos, verificamos quais subprocessos eram necessários e identificamos a necessidade de mais conferência entre as atividades, de modo que o fluxo só avançasse para o próximo estágio após a conclusão adequada das etapas anteriores.

O processo redesenhado passou a ser o seguinte:

1. Cliente liga para a empresa solicitando informações sobre o serviço;
2. Atendente pergunta qual o modelo do veículo, confere as dimensões em tabelas disponibilizadas pelas montadoras na internet e passa o orçamento;
3. Se o serviço for contratado, a empresa desenha a estampa a partir das simulações dos modelos já disponíveis no sistema e encaminha a prova digital para aprovação do cliente;
4. Se não aprovado, o desenho volta para a equipe de design. Se aprovado, o pedido segue para a produção, onde são feitos os recortes do material, a partir de simulações mais precisas;
5. A empresa realiza teste de cor em pequena escala de material para assegurar a aderência à prova digital aprovada;
6. Se tudo estiver em conformidade, a produção autoriza o recorte do adesivo, que é conferido pelo gerente de produção antes da aplicação no veículo;
7. Por fim, o cliente leva o veículo para adesivação e conclusão do serviço.

Esse caso é um bom exemplo para mostrar que toda a digitalização e otimização das atividades começa na análise do fluxo completo de processos. Só a partir de então, é possível identificar pontos de melhoria e procurar soluções tecnológicas para resolver os pontos de dor da empresa. Isso vale tanto para uma pequena empresa de adesivação de veículos como para uma grande indústria japonesa, como contaremos a seguir.

EXPERIÊNCIA JAPONESA

Depois do tsunami ocorrido no Japão em 2011, uma empresa do norte do país que atuava no setor de embutidos passou a enfrentar sérios problemas. Na época, os insumos necessários para a produção de linguiças, salsichas, presuntos e outros itens eram importados da Nova Zelândia. Na fábrica, essa matéria-prima era processada, temperada e empacotada para venda por meio de distribuidores.

Após o desastre, houve um movimento intenso de migração da população do norte do país para o sul, e esse movimento ocasionou uma grande queda no comércio em geral. Embora tivesse consciência da baixa, a empresa insistiu em continuar vendendo seus produtos para compradores do norte do país, enfrentando uma queda forte em suas vendas. Para piorar, distribuidores locais adquiriam os produtos por preços mais baixos e revendiam no sul.

Os negócios, é claro, começaram a entrar em colapso e a empresa nos contratou para melhorar a produtividade e, consequentemente, aumentar as vendas. Não demorou para percebermos que as dores eram muitas: não havia processos, faltava organização para se trabalhar as diferentes atividades, e não havia liderança. Os colaboradores viam vários erros se repetirem diariamente e ficavam frustrados. O turnover era gigante.

Nosso primeiro passo foi realizar um diagnóstico para identificar as prioridades e separar o que era importante e o que era urgente. O sinal de alerta mais forte foi a falta de sincronia entre a produção e venda no norte e a distribuição para o sul por meio de atravessadores.

> **"SE VOCÊ QUER LEVAR O MACACO PARA A BANANA OU A BANANA PARA O MACACO, VOCÊ TEM QUE ESTAR MAIS PERTO DO MACACO."**

Em linguagem popular, dizemos que "se você quer levar o macaco para a banana ou a banana para o macaco, você tem que estar mais perto do macaco." Não fazia sentido, portanto, depender de terceiros para escoar a produção da fábrica para o sul do país. A solução para esse problema foi relativamente simples: alugar um caminhão e enviar a produção diretamente para os compradores no sul. No entanto, isso não resolvia 100% do problema.

O passo seguinte foi calcular quanto custaria manter estoques no sul do país, de modo que os caminhões levassem os produtos para os galpões e a empresa vendesse diretamente para os clientes, tirando os intermediadores do processo. Fizemos as contas: o translado dos veículos e o armazenamento no sul, somados aos custos com pessoal, eram inferiores ao utilizado no fluxo anterior.

Para validar nossa ideia, fizemos um teste. Enviamos a primeira remessa de produtos em dois caminhões, alugamos um frigorífico no sul e começamos as vendas. Nossa expectativa era acabar o estoque em pelo menos um mês. Para nossa surpresa, em apenas duas semanas, não havia mais nada.

Esse resultado, muito comemorado pela liderança, veio para confirmar o que já sabíamos: o principal público da empresa estava mesmo no sul e sua estratégia de venda deveria ser direta, sem correr o risco de depender de distribuidores.

Outras dores identificadas estavam nos fluxos internos da fábrica. A comunicação não fluía adequadamente entre os colaboradores, que alegavam não receber as informações necessárias, enquanto os proprietários da empresa queriam se envolver em todos os aspectos da operação. Além disso, não havia controle sobre como os pedidos chegavam à fábrica, o que causava descompasso entre a produção, o estoque e o setor de vendas, levando a desperdício de energia, tempo e dinheiro.

Para tentar resolver esses problemas, os donos investiram em uma solução tecnológica pronta, contratada sem saber bem se ela realmente era a solução adequada para eles e a adotaram sem ter um profissional de tecnologia que pudesse cuidar de sua implementação e acompanhamento de seu funcionamento no dia a dia. Não precisa ser um adivinho para saber que a iniciativa fracassou.

Analisamos o processo (ou a falta de um) e mapeamos todo o fluxo da operação para entender onde estavam as principais falhas. Identificamos que a fábrica trabalhava com uma espécie de cardápio com 68 itens, cada um deles com um modus operandi de produção próprio e preparação específica das máquinas. Mudar de um para outro poderia levar entre três e cinco horas. Como não havia uma ordem lógica para o que e quando seria produzido, a fábrica operava de maneira ineficiente, ficando ora sobrecarregada, ora ociosa.

De imediato, avaliamos quais eram os produtos de maior saída e maior margem, e os que tinham pouca vendagem. A partir desses dados, diminuímos o cardápio de 68 para 30 itens, em ordem de importância para os resultados, e estabelecemos um novo processo: os vendedores deveriam priorizar os 10 primeiros produtos e oferecer os demais somente quando solicitado especificamente pelos compradores.

Na sequência, padronizamos o processo de pedidos de produção e estipulamos que somente os vendedores estavam autorizados a registrar solicitações no sistema, que automaticamente seguiam para a fábrica e entravam num cronograma otimizado de acordo com as demandas.

Quando os produtos eram embalados e seguiam para a logística, adicionamos uma nova etapa de controle. Antes de serem carregados nos caminhões, cada item passou a ser validado no sistema. Nosso objetivo era checar se havia descasamento entre venda e produção, um problema gigantesco para a empresa.

Caso houvesse qualquer desconformidade, o profissional responsável pela embalagem e o profissional responsável pelos pedidos se reuniam para alinhar as discrepâncias e encontrar onde estavam os erros. Isso eliminou ruídos, já que muitas pessoas se envolviam nessas situações e causavam confusão.

Em relação à comunicação, criamos um ritual de conversas diárias antes da fábrica iniciar as operações. As lideranças reuniam o chão de fábrica e demais funcionários no pátio e alinhavam os objetivos do dia. No fim do expediente, havia uma segunda conversa para checar o que havia sido cumprido e o que poderia ser melhorado.

Apesar de simples (e nada tecnológica!), essa dinâmica transformou o clima interno, estreitou as relações e direcionou a energia coletiva para o que de fato importava: fazer bem o que precisava ser feito.

"CUIDE **PRIMEIRO** DOS PROCESSOS, **DIGITALIZE** DEPOIS"

Os três casos que apresentamos têm um ponto em comum e carregam uma lição a ser aprendida por qualquer empresa: a solução para todas as dores começa obrigatoriamente por uma intensa revisão nos processos. Muitos empreendedores e gestores ignoram essa etapa e acabam desperdiçando tempo e dinheiro com tecnologias inapropriadas ou desnecessárias.

Insistimos nesse aspecto porque vivemos de perto essa realidade e vimos esse mesmo erro acontecer centenas de vezes. Como gestores de negócios e especialistas em TI, sempre aconselhamos nossos clientes a não se tornarem reféns da tecnologia ou de um software que talvez nunca entregue o que precisam porque nem mesmo eles sabem o que querem. O caminho é "começar pelo começo" da jornada, ou seja, cuidar dos processos primeiro, digitalizar depois.

JORNADA DA DIGITALIZAÇÃO

- Definir a dor;
- Mapear a oportunidade;
- Analisar os processos atuais;
- Refletir sobre as melhorias de processo com o time;
- Identificar as tecnologias para tornar o processo mais automatizado e ágil na execução;
- Testar a(s) tecnologia(s);
- Adotar a(s) tecnologia(s).

Podemos afirmar que, embora pareça uma jornada complexa, a digitalização é viável para empresas de qualquer tamanho ou natureza. E, acredite, muitas soluções já estão disponíveis a um baixo custo. Arriscamos até mesmo a dizer que, das grandes ideias que você pode ter para melhorar seu próprio negócio, já existe ao menos uma alternativa possível. Você só precisa saber o que e onde buscar. Mas para isso, primeiro é necessário, como temos insistido, desenvolver o autoconhecimento sobre as dores e problemas de sua empresa que você deseja resolver.

No próximo capítulo, vamos ver como as grandes empresas lidam com a tecnologia, a digitalização e a gestão de processos. Muito da experiência delas pode ser aproveitado e aplicado às pequenas e médias empresas.

Neste capítulo, exploramos como integrar tecnologia aos negócios, começando por identificar desafios e ineficiências. Usamos o exemplo da CambioReal para mostrar como soluções tecnológicas específicas podem melhorar operações e eficiência. Enfatizamos a importância de entender processos e objetivos de negócio antes de adotar novas tecnologias, sugerindo que o sucesso tecnológico requer questionamentos precisos e metas claras.

Continue seu aprendizado online.

9

CAPÍTULO **9**

O QUE **VOCÊ** E O SEU TIME PODEM **APRENDER** COM A **EXPERIÊNCIA** DAS GRANDES **EMPRESAS**

O QUE **VOCÊ** E O SEU TIME PODEM **APRENDER** COM A **EXPERIÊNCIA** DAS GRANDES **EMPRESAS**

9

Talvez pareça estranho o que vamos dizer, mas acredite: muito do que vale para as grandes empresas também vale para as pequenas. Por isso, na jornada em busca da digitalização, observar o que as megacorporações fazem para melhorar seus fluxos e resultados é uma boa maneira de encontrar soluções para negócios de qualquer natureza.

E qual é a maior lição que podemos aprender com aqueles que já atingiram níveis de excelência? É compreender que, sem padronização, não há crescimento. Por meio da repetição (e constante inovação!) de processos, as grandes empresas se mantêm em uma trajetória ascendente, obtendo escalabilidade para aumentar a produtividade e expandir sua atuação no mercado.

Nessa dinâmica, a tecnologia é um elemento fundamental para alcançar os objetivos estratégicos, independentemente do tamanho da empresa. Afinal, todas têm a mesma premissa básica: são grupos de pessoas organizadas em setores e focadas no objetivo de vender produtos ou serviços.

A diferença entre ser pequeno ou grande reside na escala. Quanto maior o negócio, maior é sua complexidade, por isso a padronização é essencial para manter a engrenagem em movimento. Aqueles que estão no início dessa jornada devem compreender esses princípios e

> SEM PADRONIZAÇÃO, NÃO HÁ CRESCIMENTO.

adaptá-los à sua própria realidade — mesmo que seja uma empresa de apenas uma pessoa.

Organizações de maior porte investem na criação de rotinas, automatização de processos e operam com orçamentos segmentados por áreas (produção, atendimento, logística, marketing, recursos humanos etc.) para reduzir a complexidade e buscar crescimento. Isso significa que, se uma equipe dobrar de tamanho por ter expandido seu mercado de atuação, já haverá um fluxo pronto para lidar com essas mudanças sem impacto negativo no todo.

No entanto, não basta apenas criar os processos no papel; é fundamental que sejam seguidos corretamente. Muitas vezes, pessoas que não compreendem a relevância de ter processos organizados e funcionais acreditam que podem alcançar melhores resultados ao agir de maneira mais independente, "espontânea" e até caótica, sob a alegação de que processos geram burocracia, lentidão e ineficiência. Pois dizemos que é justamente o contrário. Se você abrir mão de ter processos robustos, invalidará o propósito original de crescer e fortalecer seus negócios e pode, inclusive, prejudicar a continuidade a longo prazo de sua empresa no mercado. Lembre-se de que, quando você realmente sabe o que precisa melhorar em sua empresa, hoje existe uma grande disponibilidade de tecnologias e ferramentas para apoiar na implementação e boa execução de bons processos.

> ORGANIZAÇÕES DE MAIOR PORTE INVESTEM NA CRIAÇÃO DE ROTINAS, AUTOMATIZAÇÃO DE PROCESSOS E OPERAM COM ORÇAMENTOS SEGMENTADOS POR ÁREAS (PRODUÇÃO, ATENDIMENTO, LOGÍSTICA, MARKETING, RECURSOS HUMANOS ETC.)

O papel das lideranças, nesses casos, é estar sempre presente para acompanhar a execução adequada, alinhada à estrutura organizacional da empresa. E isso, deixamos claro, também é válido para as pequenas e médias empresas, independentemente do número de profissionais envolvidos. O importante é ter uma governança clara e eficiente, que considere o negócio de maneira macro e deixe evidentes as funções e responsabilidades de cada indivíduo.

Talvez, neste momento, você esteja se perguntando: "Sou proprietário de um empreendimento de pequeno porte, não tenho muitos funcionários ou recursos para investir em consultorias. Como posso aplicar a mentalidade das grandes empresas na minha realidade atual para crescer e ganhar escala?"

Para responder a essa pergunta, fazemos outra pergunta: "Você deseja permanecer uma pequena empresa para sempre ou pretende expandir sua participação no mercado e aumentar seus lucros?" Arriscamos dizer que 10 em cada 10 pessoas escolheriam a segunda opção. Se esse é o seu desejo real, o que falta, então, para sair do estágio atual em direção a novos cenários?

Uma dica: comece pelos passos que já apresentamos aqui. O primeiro deles é criar uma estrutura organizacional clara para a sua empresa. Isso envolve compreender os processos pelos quais um cliente ou prospect passa ao entrar em contato com você — desde o marketing e as vendas até os processos operacionais e o atendimento pós-venda. Essa estrutura é padrão para todas as empresas, e concordamos que é algo necessário.

Em segundo lugar, pense grande. Embora você possa não dispor de elevados recursos financeiros ou uma ampla rede de contatos, é possível aproveitar o que já está disponível para si. Muitas vezes, os pequenos empreendedores se limitam demasiadamente, acreditando que seus recursos são insuficientes para contratar bons profissionais e fazer as mudanças que desejam realizar.

O segredo, portanto, está em abandonar essa mentalidade limitada, enxergar além das restrições financeiras e concentrar-se em se tornar uma fonte de valor e conhecimento — tanto para a sua empresa quanto para a sua vida. Não se trata, portanto, apenas de ter recursos, mas de ser um recurso e compreender o que você precisa e onde quer chegar no próximo estágio de crescimento.

O MUNDO **MÁGICO** DA TECNOLOGIA DA **DISNEY**

No universo tecnológico, algumas empresas se destacam não só pela excelência na criação de experiências diferenciadas para os clientes, mas também pela maneira como estruturam seus departamentos de TI internamente. A Disney é, sem dúvida, um desses exemplos notáveis. Embora seja uma corporação gigantesca, suas práticas oferecem valiosas lições para empresas de todos os tamanhos.

A partir de conversas com funcionários e estudos sobre suas melhores práticas, dois aspectos principais ressaltam o investimento da Disney em tecnologia e a gestão exemplar de suas operações extensas: governança eficaz e liberdade para inovação.

1. Governança Eficaz: Equilibrando Centralização e Descentralização

A Disney desenvolveu um modelo de governança eficaz, onde as operações dos parques e produtos digitais são gerenciadas por equipes específicas. Essas equipes coordenam e compartilham os mesmos processos de desenvolvimento, infraestrutura e aprovação. Este modelo é conhecido como "centralizado e descentralizado", no qual aspectos como infraestrutura de rede e data centers são centralizados, enquanto as necessidades específicas de cada unidade de negócio são descentralizadas.

LIÇÕES PARA PEQUENAS EMPRESAS:

- Adapte o modelo à sua escala: Mesmo em uma equipe pequena, é possível implementar uma versão simplificada deste modelo. Por exemplo, centralize funções como segurança de TI e backups, mas permita que diferentes departamentos (como marketing ou vendas) tenham alguma autonomia na escolha de ferramentas específicas para suas necessidades.
- Estabeleça processos claros: Defina claramente quais decisões são tomadas centralmente e quais podem ser feitas pelos departamentos individuais. Isso evita confusões e garante eficiência.
- Promova a comunicação: Incentive a troca regular de informações entre equipes para garantir que todos estejam alinhados com os objetivos gerais da empresa.

2. Liberdade para Inovação: Criando um Ambiente de Experimentação

Com uma governança sólida, a Disney investe intensamente em tecnologias de ponta para testar todas as ideias e possibilidades, transformando-se em um verdadeiro laboratório de inovação. Frequentemente, adquirem tecnologias apenas para realizar testes, como se tivessem acesso a qualquer tecnologia para construir o que imaginam.

LIÇÕES PARA PEQUENAS EMPRESAS:

- Crie uma cultura de experimentação: Mesmo com recursos limitados, reserve tempo e um pequeno orçamento para testar novas ideias. Isso pode ser tão simples quanto dedicar algumas horas por semana para explorar novas ferramentas ou tecnologias.
- Aprenda com falhas rápidas: Encoraje sua equipe a experimentar em pequena escala. Se uma ideia não funcionar, aprenda com ela e siga em frente rapidamente.

- Foque na experiência do cliente: Assim como o MagicBand da Disney, pense em como a tecnologia pode melhorar a jornada do seu cliente. Isso pode ser através de um aplicativo simples, um sistema de agendamento online ou até mesmo um chatbot básico.

3. Personalização e Conveniência: O Exemplo do MagicBand e MyMagic+

A introdução do MagicBand e do sistema MyMagic+ pela Disney demonstra como a tecnologia pode ser usada para personalizar e simplificar a experiência do cliente.

LIÇÕES PARA PEQUENAS EMPRESAS:

- Conheça seu cliente: Utilize ferramentas de CRM (Customer Relationship Management) para coletar e analisar dados dos clientes, permitindo oferecer um serviço mais personalizado.
- Simplifique processos: Identifique pontos de atrito na jornada do cliente e use a tecnologia para simplificá-los. Isso pode ser desde um sistema de pagamento mais rápido até um processo de agendamento mais eficiente.
- Integre sistemas: Mesmo em menor escala, busque integrar diferentes aspectos do seu negócio (como vendas, atendimento ao cliente e marketing) para criar uma experiência mais fluida para o cliente.

4. Investimento Contínuo em Tecnologia

A Disney demonstra um compromisso constante com o investimento em novas tecnologias, mantendo-se na vanguarda da inovação em sua indústria.

LIÇÕES PARA PEQUENAS EMPRESAS:

- Planejamento estratégico de TI: Desenvolva um plano de longo prazo para investimentos em tecnologia, alinhado com os objetivos de negócio.
- Atualize-se constantemente: Mantenha-se informado sobre tendências tecnológicas relevantes para seu setor e avalie como elas podem beneficiar seu negócio.
- Treinamento e desenvolvimento: Invista no desenvolvimento das habilidades tecnológicas de sua equipe, seja através de treinamentos internos ou cursos externos.

Ao adotar uma mentalidade semelhante à da Disney em relação à tecnologia e inovação, pequenas empresas podem melhorar significativamente suas operações, a experiência do cliente e, consequentemente, seu crescimento no mercado. A chave é adaptar essas lições à sua escala e recursos, focando sempre em como a tecnologia pode trazer valor real para seu negócio e seus clientes.

O PROCESSO DE **EXECUÇÃO** DA **GE**

Entre 2007 e 2017, eu, Gustavo, trabalhei na GE (General Electric). Entrei na empresa através de um programa de liderança chamado Information Technology Leadership Program, popularmente no Brasil conhecido como "programa de trainee em TI". O que difere o programa de liderança de um estágio é o que o nome diz: liderança. Em dois anos, os participantes passam por quatro áreas da corporação, por seis meses cada, são colocados na liderança de problemas reais que devem resolver e são expostos a um currículo que combina liderança, tecnologia e treinamento em habilidades de negócios.

Resumindo, são seis meses para entrar e mostrar resultados diretamente para a liderança de uma das divisões da GE, que na época era o maior conglomerado do mundo, com mais de 320 mil funcionários e mais de 180 bilhões de dólares em receita organizada entre seis divisões: GE Infrastructure, GE Industrial, GE Commercial Finance, GE Healthcare, NBC Universal e GE Consumer Finance. A GE fabricava desde turbinas de avião até geladeiras e também emprestava dinheiro em seus bancos, enquanto havia comprado uma rede de TV.

No primeiro mês de empresa, que foi assustador devido à sua grandiosidade, 80 pessoas do mundo todo eram colocadas por quatro semanas em um hotel para uma experiência chamada "Bootcamp", um tipo de treinamento intensivo e imersivo, focado em áreas como programação, desenvolvimento web, análise de dados, entre outras habilidades técnicas e de negócio, inteligência emocional e outras disciplinas de liderança. Era uma combinação de aulas teóricas com muita prática e projetos reais, proporcionando experiência prática direta por mais de 10 horas por dia.

Os líderes da empresa palestravam para o grupo e compartilhavam um problema que estavam tentando resolver. Em times de 5 a 7 pessoas, tinham que se dividir para rapidamente entenderem o problema, dividirem responsabilidades e executarem. O aprendizado mais importante era a preparação para a primeira experiência real nos próximos seis meses. E tudo era processo com passos específicos a serem seguidos como melhores práticas de sucesso, como por exemplo, o planejamento 30-60-90-180:

Primeiros 30 dias: Orientação e Integração ao Negócio

- Compreensão do Ambiente: Familiarize-se com a cultura da empresa, valores, e as pessoas-chave dentro da sua equipe e outras inter-relacionadas. Entenda as ferramentas e sistemas que a GE utiliza.

- Definição de Metas: Estabeleça objetivos claros com seu supervisor para os próximos seis meses. Isso deve incluir metas de aprendizado específicas para a rotação atual.

- Entendimento do Negócio e Problema a ser Resolvido: Entenda como o negócio gera dinheiro, quais produtos vende e como é a estrutura organizacional. O mais importante, qual problema você irá resolver para quem?

60 dias: Desenvolvimento de Habilidades e Aprofundamento Técnico

- Aprofundamento Técnico: Comece a trabalhar em projetos menores para aplicar suas habilidades e ganhar confiança. Peça feedback regularmente para ajustar seu desempenho.

- Rede de Contatos: Intensifique a interação com colegas dentro e fora do seu departamento para construir uma rede de suporte.

- Revisão de Metas: Avalie seu progresso em relação aos objetivos definidos e ajuste conforme necessário com a ajuda de seu mentor ou supervisor.

90 dias: Contribuição e Colaboração

- Contribuição Efetiva: Comece a assumir mais responsabilidades e contribua de maneira mais significativa com os projetos da equipe.

- Colaboração: Inicie colaborações com outras equipes ou departamentos, o que pode incluir trabalhar em projetos interdisciplinares para ampliar sua exposição.

- Feedback Contínuo: Continue solicitando e refletindo sobre o feedback para melhorar continuamente.

180 dias: Avaliação de Impacto e Preparação para Próxima Rotação

- Avaliação de Desempenho: Faça uma autoavaliação e compare com as avaliações de supervisores e colegas para entender seu impacto na equipe.
- Liderança e Visibilidade: Busque oportunidades para liderar pequenas iniciativas ou apresentar trabalhos em reuniões importantes para aumentar sua visibilidade.
- Preparação para Próxima Rotação: Comece a se preparar para a próxima rotação, identificando áreas de interesse e possíveis projetos em que possa trabalhar.

No final dos seis meses, o profissional fazia uma apresentação final aos líderes, simplesmente mostrando o que fez para a empresa, por que isso foi importante e quais foram os benefícios e resultados gerados.

Este processo de execução serve como um script ou guia, mas é melhorado por você mesmo a cada vez que o utiliza. Essa experiência ilustra que o mesmo processo pode ser aplicado na sua equipe, para que as pessoas tenham um direcionamento e foco no resultado.

DA **EXECUÇÃO** PARA A GESTÃO **ESTRATÉGICA**

É comum que pequenos empreendedores, principalmente no início de suas jornadas, tenham o desejo de executar todas as tarefas e carregar todo o peso sozinhos, sem confiar em ninguém. No entanto, esse hábito tende a sobrecarregar o líder e prejudicar o fluxo dos processos decisórios, que se tornam engessados e dependentes de uma única pessoa. Além disso, essas empresas geralmente enfrentam uma limitação de crescimento, uma vez que estão restritas ao conhecimento do proprietário ou de algumas pessoas-chave.

Nas grandes corporações, esse erro é evitado, pois se compreende a importância de delegar funções e utilizar a tecnologia para realizar tarefas que podem ser automatizadas — obtendo-se, inclusive, resultados ainda melhores. Por exemplo, se uma microempresa possui 30 clientes e consegue registrar seus dados em um caderno, o que acontecerá se esse número aumentar para 60, 120, 1.000 ou até mesmo 50 mil clientes?

Tornar-se capaz de gerenciar e ter controle pleno sobre cada um desses contatos, suas interações, produtos e serviços negociados seria humanamente impossível. Para alcançar escala e avançar para o próximo nível, é imprescindível adotar a tecnologia como parte do caminho.

É importante ressaltar, porém, que não se trata apenas de encontrar um aplicativo ou software como solução final, sem entender profundamente o resultado a ser alcançado. É necessário compreender o que o cliente realmente precisa e deseja, e então entregar algo além disso como resultado, buscando inspiração em pessoas que já percorreram esse caminho e pensam de forma estratégica, que sonham grande. Como se diz nos Estados Unidos: «think big, act now" (pense grande, aja agora).

Não espere por um momento ideal para iniciar um movimento e impulsionar seus negócios; as condições perfeitas de temperatura e pressão são sempre as do presente. O mais importante é não ter medo de começar com pequenos passos, executando o que for possível. Se perceber que está seguindo pelo caminho errado, seja humilde o suficiente para reconhecer isso imediatamente e adote o conhecido princípio de "fail fast": falhe rápido e siga em frente.

Diga a si mesmo algo como: "Pensei que poderíamos alcançar resultados rapidamente, mas não estamos obtendo os retornos espe-

> **SEU FOCO DEVE ESTAR SEMPRE NO RESULTADO DESEJADO, BUSCANDO ALCANÇAR O QUE DEVERIA SER O SONHO DE TODO EMPREENDEDOR.**

rados. Vamos encerrar esse projeto e realocar o orçamento restante para outra ideia". Essa mentalidade está disponível para todos e pode ser uma forte aliada para você não desistir diante dos obstáculos iniciais.

Seu foco deve estar sempre no resultado desejado, buscando alcançar o que deveria ser o sonho de todo empreendedor: chegar ao ponto em que sua empresa continue operando e evoluindo sem depender totalmente da sua presença. Em outras palavras, significa ser capaz de gerar lucros mesmo quando você não está imerso nas operações diárias, permitindo que se dedique aos desafios estratégicos e às melhorias necessárias.

Muitos líderes têm dificuldade em assimilar esse pensamento completamente, pois acreditam que, para alcançar esse estágio, é preciso trabalhar incessantemente, produzindo cada vez mais. Essa mentalidade é uma herança da cultura de trabalho braçal no Brasil, onde o trabalho está sempre associado à execução direta de atividades "visíveis".

Atualmente, quando mencionamos, por exemplo, a possibilidade de ganhar dinheiro enquanto dormimos, sem um esforço físico e mental direto — por meio do investimento em padronização e processos eficientes —, muitos ainda reagem com incredulidade. Nós entendemos isso, afinal, trata-se de uma mudança significativa de paradigma que requer a superação de barreiras mentais profundamente enraizadas em nossa sociedade.

Há alguns meses, decidimos aproveitar um dia ensolarado de sexta-feira para fazer um passeio de barco com nossas famílias. Após uma manhã divertida, começamos a sentir um pouco de culpa, pois era um dia útil de trabalho. No entanto, estávamos felizes e não queríamos interromper aquele momento. Durante o passeio, começamos a conversar sobre todas as experiências que vivemos nos últimos 20 anos como imigrantes nos Estados Unidos e refletir sobre nossas realizações nesse período. Por que não nos permitir um merecido momento como esse?

Decidimos relaxar e aproveitar o restante da tarde. Embora tenham surgido conversas sobre negócios, elas ocorreram de forma leve e natural. Ao final do dia, sabíamos que aquele dia tinha sido especial e também importante para darmos uma pausa em nossas atividades profissionais. Pode parecer algo trivial à primeira vista, mas inserir experiências como essa no cotidiano nem sempre é fácil para algumas pessoas.

Como mencionamos anteriormente, empreendedores em geral consideram que estão gerando valor apenas quando trabalham longas horas, imersos nas tarefas diárias, deixando de lado momentos tão fundamentais para pensar o que pode ser melhorado em suas empresas, para pensar a estratégia do negócio, analisar tendências de mercado etc. Isso é algo sério, pois acaba tendo um impacto negativo na saúde física e emocional.

ELE NÃO SABIA O ENDEREÇO DA ESCOLA DO FILHO

Uma história que exemplifica esse problema envolve um empresário que conhecemos há alguns anos. Ele era proprietário de uma empresa avaliada em cerca de R$140 milhões no Brasil, que foi vendida para um grupo de acionistas. Durante a transição dos negócios, ele se viu completamente absorvido pelo trabalho, levando suas emoções ao limite e caminhando para o esgotamento.

O ápice dessa situação ocorreu durante uma reunião, na qual ele e um dos novos líderes quase chegaram a uma agressão física devido a divergências de opinião. Esse incidente foi o ponto de ruptura necessário para ele perceber que não queria aquela vida. Ele já possuía dinheiro suficiente e as condições necessárias para recomeçar em qualquer lugar. Tudo o que precisava era se libertar da bolha operacional na qual havia se aprisionado.

Ele então ligou para a esposa, informou que buscaria o filho na escola e, em seguida, iriam direto para o aeroporto, embarcando em uma viagem de férias em família para a Disney. A surpresa veio quando ele percebeu que nem mesmo sabia o endereço da escola em que o filho estudava. Esse foi o primeiro golpe de outros que estavam por vir.

Ao chegar aos Estados Unidos, o empresário parou o carro em um semáforo e viu o filho com a janela aberta, sentindo o vento em seu rosto. O menino, acostumado a circular em carros blindados em São Paulo, nunca havia baixado o vidro até então. Esse momento foi o suficiente para o pai compreender que estava vivendo em uma prisão voluntária e que precisava proporcionar a si mesmo e à sua família um novo começo.

A decisão não demorou a ser tomada: ele se mudou para os Estados Unidos, ingressou em uma nova área de negócios e hoje vive uma realidade mais leve e completamente diferente.

Não estamos sugerindo que uma mudança para os Estados Unidos é a solução, apenas ilustrando que uma mudança de perspectiva acontece quando nos permitimos sair da nossa bolha. Sabemos que mudanças assim não são fáceis nem simples, contudo é possível, desde que você esteja disposto a enxergar a vida sob uma nova perspectiva. Sem essa transformação, há uma grande chance de que seu negócio afunde ou estagne, uma vez que você não estará exercitando o que as grandes empresas frequentemente fazem: pensar em como podem aprimorar sua estratégia, seus processos, competências e habilidades da equipe para obter maiores lucros e resultados.

É muito comum que pequenos empreendedores fiquem presos no pensamento de «se eu tivesse» — dinheiro, tempo, pessoas competentes, clientes fiéis etc. — para justificar a própria inércia. Na verdade, isso é um conjunto de desculpas que expõem a ausência de um pensamento estratégico voltado ao futuro e a cultura da inovação, que nada mais é do que fazer diferente (e com mais qualidade) algo que já foi feito antes.

Eu, Cassel, compartilho uma experiência que vivi:

Quando minha pequena empresa de serviços financeiros começou a fechar muitos negócios com clientes americanos, percebi que precisava me aprofundar nos aspectos de compliance e transações internacionais entre o Brasil e os Estados Unidos. Estudar as regulamentações de ambos os países, identificar os órgãos responsáveis e compreender os requisitos bancários exigiram meses de dedicação intensa, o que acabou me sobrecarregando.

Até que cheguei à conclusão de que aquela rotina não era saudável para minha vida pessoal e também não era sustentável para o crescimento da minha empresa. Decidi então contratar uma especialista na área: uma profissional com experiência internacional, um currículo impecável e muito mais bem preparada do que eu.

Embora o salário dela fosse considerado alto para os meus padrões, eu sabia que somente com a parceria de alguém com aquele nível de conhecimento eu poderia ficar tranquilo para realizar o que realmente era necessário para a empresa: desenvolver estratégias que levassem a melhores resultados, ou seja, sair do modo de execução e ativar o modo de gestão.

Quem quiser aprender com as grandes e se sobressair dos demais, terá que mudar esse mindset ultrapassado para quebrar as próprias crenças limitantes e não ter medo de trazer a inovação para o dia a dia. É sobre isso que falaremos no próximo capítulo.

Neste capítulo abordamos como pequenas empresas podem adotar práticas de grandes corporações para padronizar processos e alcançar crescimento. Destacamos a importância da tecnologia na estratégia empresarial, usando exemplos como GE e Disney para ilustrar como estruturar processos e adotar tecnologias eficazes. Enfatizamos a necessidade de pensar grande e usar recursos existentes para inovar e melhorar continuamente, incentivando empreendedores a adaptar essas estratégias à realidade de seus negócios.

Continue seu aprendizado online.

CAPÍTULO **10**

COMO FAZER A **INOVAÇÃO** FAZER PARTE DO **DIA** A **DIA** DA SUA **EMPRESA**

COMO FAZER A **INOVAÇÃO** FAZER PARTE DO **DIA** A **DIA** DA SUA **EMPRESA**

10

Quando falamos de inovação, muitas pessoas ainda pensam apenas em soluções mirabolantes projetadas por profissionais de pesquisa e desenvolvimento trabalhando dentro de laboratórios nas grandes universidades. Embora isso seja válido e importante em certos setores, não é a única forma de inovação. Também existe o mito de que a única inovação que vale a pena é a chamada inovação disruptiva, que cria produtos novos, a exemplo do smartphone criado por Steve Jobs.

Na prática, porém, inovar nada mais é do que questionar como fazer algo de uma maneira diferente. Em outras palavras, é utilizar a criatividade para introduzir mudanças em um modelo de negócio já existente, aprimorando produtos, serviços e processos internos.

Partindo desse princípio, afirmamos que a inovação deve ocorrer em empresas de qualquer mercado ou tamanho que estejam pensando não somente no seu desempenho atual, mas também na sustentabilidade futura. Queremos que você guarde bem o seguinte: a inovação deve ser encarada por você e seu time como uma condição imprescindível para a garantia do futuro, da perenidade, dos negócios de sua empresa. Sem inovar em processos, produtos, serviços e/ou no relacionamento com clientes e fornecedores, a continuidade futura da sua companhia estará seriamente comprometida. Inovar

> INOVAR NADA MAIS É DO QUE QUESTIONAR COMO FAZER ALGO DE UMA MANEIRA DIFERENTE.

é permitir que sua empresa esteja operando no mercado, de forma saudável, nos próximos 3, 5, 10 ou 20 anos.

Precisamos abandonar a visão presente na cabeça de muitos empreendedores e gestores de que investir em inovação é sinônimo de dinheiro jogado fora. Aliás, boa parte das inovações feitas no dia a dia de empresas de diferentes portes mundo afora pouco ou nada dependem de dinheiro. Dependem muito mais do desejo de melhorar continuamente, de estar próximo dos clientes para antecipar ou, no mínimo, acompanhar as mudanças em seu comportamento de consumo.

Nós, seres humanos, tendemos a nos acomodar com algo que está funcionando bem até que esse algo deixe de funcionar. Portanto, devemos estar atentos às mudanças e adotar estratégias para testar novos processos e soluções, assim como identificar oportunidades que possam melhorar a experiência dos nossos clientes antes que a concorrência faça isso em nosso lugar.

Quando estamos falando de inovação pelo viés da tecnologia, também existe a crença de que se trata de uma transformação reservada a poucos, envolvendo projetos gigantescos, recursos financeiros e mentes mirabolantes para criar coisas que vão revolucionar o mundo. Esse pensamento faz parte de um imaginário coletivo que associa inovação tecnológica a robôs, inteligência artificial e cenários futuristas.

O que acontece na vida real, no entanto, está bem distante dessa visão. Estamos em um tempo no qual tudo muda rapidamente, resultando em uma obsolescência de processos, produtos e serviços cada vez mais acelerada.

Se você elaborar um plano de inovação tecnológica complexo demais para ser executado, é provável que, quando chegar a hora de implementá-lo, já existam recursos mais avançados à disposição. Assim, você terá investido tempo e energia em algo que acabará ficando novamente para trás, sem obter o retorno desejado do investimento.

> **INOVAR NADA MAIS É DO QUE QUESTIONAR COMO FAZER ALGO DE UMA MANEIRA DIFERENTE.**

Um plano de inovação não precisa ser perfeito. Ao criar estratégias menores e testá-las dentro da sua realidade, você pode fazer ajustes com facilidade e alterar o curso conforme necessário. Isso é particularmente válido para pequenas e médias empresas que, ao contrário das grandes corporações e seus processos extremamente complexos, têm a flexibilidade de alterar a direção com mais facilidade. Afinal, é muito mais difícil mudar a direção de um transatlântico do que de uma lancha.

Nenhum projeto de inovação, portanto, precisa ser engessado. Ao longo do caminho, podem surgir várias situações que exigem alguns ajustes, seja para mitigar riscos ou aproveitar oportunidades inesperadas.

Na CambioReal, empresa liderada por mim, Cassel, e cuja história contamos no capítulo oito, temos utilizado essa estratégia nos últimos anos para nos mantermos atraentes e competitivos no mercado, sem sermos engolidos pela concorrência e pelas tecnologias em constante evolução.

Monitoramos todos os players do nosso segmento e acompanhamos as mudanças que surgem, especialmente no que diz respeito à transferência internacional de dinheiro, pois os grandes bancos, com pouca concorrência direta nessa área, não veem essas oportunidades com tanto cuidado. Nosso objetivo é focar em facilitar ainda mais os processos envolvidos nessas transações, reduzindo custos e agregando novos serviços.

Depois de nos estabelecermos como uma plataforma confiável, segura e ágil para a realização de pagamentos entre países, identificamos uma oportunidade para expandir nossa atuação e passamos a oferecer um cartão para clientes no Brasil, permitindo que eles carreguem dólares nele e o utilizem para fazer compras online e pagar via PIX por serviços nos Estados Unidos.

Esse exemplo ilustra como criar produtos adicionais para atender às necessidades específicas de um público já fiel pode ser uma forma de inovação que depende apenas da observação das dores dos clientes. Nesse exercício, não basta apenas mirar o mercado externo, mas também olhar para seus próprios negócios a partir de uma perspectiva diferente.

Um outro caso interessante nesse sentido ocorreu com uma gigante do varejo americano que, devido a uma simples mudança de nome em um botão, alcançou um resultado surpreendente: no site de e-commerce da marca, a alteração do texto de "Cadastre-se aqui" para "Finalizar compra", algo aparentemente não relacionado às vendas, foi suficiente para mudar o modelo mental dos clientes e gerar um aumento de 300 milhões de dólares nos lucros.

SEJA UM **FUÇADOR**

O primeiro passo para você inovar é se questionar sobre o que deve fazer para se tornar uma pessoa inovadora na prática. A resposta resume-se em uma decisão pessoal: investir em educação e capacitação contínua, além de observar exemplos de sucesso de quem passou por essa trilha antes.

Hoje em dia, com a facilidade de acesso à informação na internet, está cada vez mais fácil aprender qualquer coisa que se deseje. As pessoas mais inquietas e interessadas na busca do conhecimento

— ou, como chamamos, "fuçadores" — sairão na frente e conseguirão enxergar possibilidades diversas de aprimorar aquilo que já fazem no dia a dia.

Os empreendedores e líderes de negócios precisam compreender que, para se tornarem inovadores, é essencial gostar de aprender e entender que não basta apenas ter concluído um curso universitário ou ter especializações em sua área; eles devem adotar uma mentalidade de lifelong learning (aprendizagem ao longo da vida) e encontrar prazer nessa busca, que pode vir de diferentes fontes, como vídeos, sites, livros, cursos e mentores experientes.

Vale ressaltar que essa curiosidade não deve se restringir ao seu universo de atuação. Explorar o mundo, em suas diferentes nuances, sempre traz informações que podem ser relevantes para o seu negócio em algum momento ou simplesmente servirão para abrir sua mente para que novas ideias brotem.

Se você é um apaixonado por artes, por exemplo, pode aprender mais sobre o tema e expandir sua capacidade criativa ao observar detalhes das obras, texturas, cores, pinceladas e técnicas. Da mesma forma, mergulhar nas artes marciais pode proporcionar insights sobre inteligência emocional; ou compreender a origem e características das plantas pode oferecer novas perspectivas para a compreensão do comportamento humano.

Em resumo, não há limitação alguma para o que você pode assimilar a partir do estudo de qualquer tema. Basta ter o desejo de saber mais, furar a bolha e se dedicar com prazer. Certamente você terá ideias valiosas que poderão ser adaptadas ao seu mercado e, assim, inovar seus processos.

INOVAÇÃO COMO PARTE DA **CULTURA** ORGANIZACIONAL

Existem empresas que não conseguem entrar no ciclo da inovação porque não lidam bem com a tentativa e o erro. Esse pensamento inviabiliza a implantação de qualquer novidade, pois sem encarar o risco da falha ninguém tenta algo novo e fica estagnado no mesmo lugar. Não há problema algum em fazer escolhas que se apresentem equivocadas no futuro; o importante é ser resiliente, transformar essas falhas em aprendizado e fazer melhor na próxima tentativa.

Como empreendedores e líderes, devemos lembrar sempre que, quando decidimos fazer nossos negócios crescerem, assumimos a (grande) possibilidade de fracassar. Para se tornar um inovador, portanto, você precisa ser humilde o suficiente para se desprender de modelos mentais e hábitos arraigados, estando aberto a testar diferentes possibilidades e realizar ajustes quando necessário.

Uma maneira de começar é fazer um exercício de autocrítica e analisar em detalhe como as coisas funcionam dentro da sua empresa. Você deve identificar os pontos em que há maiores dificuldades, onde se perde mais tempo e quais as dores de cabeça recorrentes. Feedbacks dos usuários, como já falamos, também são parte importante desse processo, pois dão subsídios para que você entenda melhor a aceitação do seu próprio produto ou serviço.

Há um ponto importante a ser discutido aqui: ao compreender que precisa implementar a inovação como um dos pilares estratégicos da cultura de sua empresa, você terá que despertar a curiosidade e o interesse das suas equipes em desenvolver novos conhecimentos e ter a curiosidade necessária para impulsionar projetos inovadores.

Essa prática deve ser incorporada de forma definitiva à cultura organizacional, inspirando todos os colaboradores. Como líder, seu papel é proporcionar autonomia e recursos necessários para que todos se sintam livres para tomar decisões e expressar suas ideias sem medo de serem reprimidos.

Mesmo que inicialmente você não concorde com alguma proposta apresentada, não a descarte imediatamente. Em vez disso, ouça o que as pessoas têm a dizer e faça perguntas para ajudá-las a perceber que sua abordagem pode não estar alinhada com os interesses da empresa. Uma negativa inicial não deve desestimular os profissionais a proporem novos projetos.

Como fundadores de empresas, os empreendedores possuem competências, habilidades e conhecimentos que lhes conferem autoridade em seus segmentos. No entanto, se não administrarem bem o seu ego, correm o risco de achar que sabem tudo e se sentirem superiores às suas equipes, minando o ambiente corporativo e inibindo as trocas de experiências, os brainstorms espontâneos e o interesse em propor mudanças que melhorem a vida dos clientes.

Se deseja que a inovação seja vivida no dia a dia de sua empresa, você terá que ser o principal patrocinador de novas ideias, criando um espaço no qual todos se sintam confortáveis para apresentar propostas, testar novidades e, obviamente, cometer erros. Uma empresa que proporcione essas condições pode se tornar um celeiro de boas ideias vindas de pessoas apaixonadas por aprimorar modelos de negócios existentes e ainda com muito potencial de crescimento.

INOVAÇÃO A TECNOLOGIA

Como explicamos anteriormente, a tecnologia oferece algumas vantagens como agilidade de processos, aumento da produtividade e redução de erros e custos. Esse tipo de inovação tem transformado a maneira como empresas em todo o mundo aprimoram modelos de negócio existentes, abrindo portas para novos mercados de produtos e serviços.

Embora não seja um exemplo novo, podemos citar a história da Uber como uma referência de inovação. A empresa americana surgiu em uma noite comum de inverno em Paris, em 2008, quando os empreendedores Travis Kalanick e Garrett Camp não conseguiram encontrar um táxi disponível para voltar para casa. Foi aí que tiveram uma ideia: e se fosse possível solicitar uma viagem pelo celular por meio de um simples toque de botão?

Esse insight se transformou em um projeto e, tempos depois, nasceu a Uber, empresa com o propósito de melhorar a mobilidade urbana e o relacionamento dos passageiros e motoristas com o suporte da tecnologia. Em poucos anos, a Uber dominaria o mercado global, operando em quase 500 cidades em 75 países com um valor de mercado superior a quase US$ 100 bilhões (dados de 2023).

Outro exemplo digno de menção é o da Herc, uma empresa do setor de construção que aproveitou maquinários como empilhadeiras e tratores para criar filiais nos Estados Unidos, oferecendo o aluguel desses equipamentos diariamente e de maneira simples.

Se antes as pessoas dependiam de empresas, lidavam com burocracia e entravam em contato com vários atendentes para alugar essas máquinas, a Herc simplificou o processo, permitindo que os equipamentos fossem solicitados por meio de um aplicativo e entregues em diversos locais. A Herc expandiu rapidamente e, em 2023, já contava com quase 300 filiais, cerca de 4.600 funcionários e uma grande frota presente em 7 países.

Casos como esses são relevantes de serem destacados porque reforçam o poder da tecnologia para desbravar novos segmentos de mercado, como a economia compartilhada (sharing economy), que tem diminuído cada vez mais as fronteiras entre pessoas, interesses e negócios.

Se você observar, verá que nenhuma das duas empresas criou algo revolucionário em si, mas foram inteligentes ao resolver as dores dos clientes em relação a antigos serviços, tornando-se um diferencial no cotidiano de milhares de pessoas. Gostamos sempre de lembrar que grande parte das boas inovações surgem a partir de uma observação atenta do comportamento dos clientes. Por isso, é tão importante você e seu time manterem-se bem próximos de sua clientela no dia a dia.

> **QUE GRANDE PARTE DAS BOAS INOVAÇÕES SURGEM A PARTIR DE UMA OBSERVAÇÃO ATENTA DO COMPORTAMENTO DOS CLIENTES.**

A Uber percebeu um problema de insatisfação na experiência dos usuários com os taxistas e enxergou um nicho a ser explorado. A Herc, por sua vez, sabia que havia uma demanda para aluguel de maquinários, embora o processo fosse burocrático, demorado e todo manual. A empresa apenas digitalizou e transformou a forma como esse serviço era realizado, criando um novo modelo de negócio.

Hoje em dia, inovar para uma pequena empresa significa enxergar oportunidades, perceber as ineficiências de como as coisas são feitas no presente e, a partir daí, criar soluções que abrem novos mercados. Agir como a Uber e a Herc, que começaram localmente e expandiram rapidamente para o mundo todo, tornou-se algo viável e real. Contudo, isso só foi possível porque alguém escutou os clientes ou se colocou no lugar deles e dedicou-se a pensar em soluções mais assertivas e viáveis de serem implementadas na prática.

INOVAR A PARTIR DE **PRESSÕES** EXTERNAS

Os empreendedores geralmente buscam inovar em processos, produtos ou serviços por necessidade de sobrevivência e/ou expansão do negócio. Além disso, há uma motivação interna para melhorar a vida do cliente e, assim, gerar fidelização e receita recorrente, resultando no crescimento da empresa. No entanto, a inovação também pode surgir do medo e da atenção aos sinais de mudança surgidos no mercado, que podem ser potenciais ameaças. Diante dessa pressão externa, é importante encontrar motivação e disposição para transformar coisas antigas em novas.

O **VALOR** DO **BENCHMARKING**

Outro caminho interessante para inovar é pesquisar as tendências de mercado, fazer benchmarking e observar o que a concorrência está fazendo de diferente. Cultivar essa cultura de estar atento ao mercado e às práticas dos concorrentes faz parte do processo de aprimoramento. Além disso, o empreendedor e o líder devem estabelecer uma equipe comprometida e empoderar essas pessoas, fornecendo-lhes liberdade e patrocínio para a implementação de inovações importantes para a empresa, incentivando-as também a serem atores ativos no processo de benchmarking.

Com que frequência, você e seu time participam de eventos de seu segmento no Brasil e no exterior? Quais novidades têm sido noticiadas nas principais publicações e outras fontes de informação confiáveis de seu setor? Vocês têm participação ativa nas reuniões e no cronograma de atividades da associação de classe representativa de seu mercado?

Para você fazer um benchmarking de qualidade é necessário sair do escritório, interagir com pessoas de fora de sua empresa.

Nas páginas a seguir, vamos mostrar as oportunidades que a digitalização traz para as funções de marketing e vendas, possibilitando que hoje milhares de clientes sejam facilmente alcançados.

Neste capítulo, exploramos como a inovação, uma prática diária acessível a todas as empresas, pode ser integrada nas operações cotidianas para garantir crescimento e sustentabilidade. Incentivamos empreendedores a adotar a inovação como estratégia para não só responder, mas antecipar mudanças de mercado. Discutimos como pequenas e médias empresas podem inovar com os recursos existentes e criatividade, sem grandes investimentos. Enfatizamos a importância de uma cultura que valoriza curiosidade e aprendizado contínuo, apresentando estratégias para integrar inovações tecnológicas e exemplos práticos de transformações bem-sucedidas.

Continue seu aprendizado online.

PARTE 3 |

COMO A **TECNOLOGIA** PODE **MELHORAR** A **GESTÃO** E ALAVANCAR OS **RESULTADOS** DE SUA **EMPRESA**

11

CAPÍTULO **11**

DIGITALIZAÇÃO PARA MELHORAR A PERFORMANCE DE **MARKETING** E **VENDAS** DAS PEQUENAS E MÉDIAS **EMPRESAS**

DIGITALIZAÇÃO PARA MELHORAR A PERFORMANCE DE **MARKETING** E **VENDAS** DAS PEQUENAS E MÉDIAS **EMPRESAS**

11

Um dos grandes avanços trazidos pela tecnologia nos últimos anos foi a integração entre as áreas de vendas e marketing. Se antes um setor servia ao outro, esperando por informações ou execução das atividades em paralelo, quando as áreas passaram a andar juntas e de maneira conectada, as empresas viram sua atuação crescer de modo exponencial e conquistar novos clientes. Prova disso é que hoje já não se pensa mais nesses dois vetores de impulsionamento de negócios adotarem estratégias independentes e descasadas.

Neste capítulo, vamos trazer alguns exemplos de como a tecnologia pode ser um recurso fundamental para o marketing das pequenas e médias empresas, seja promovendo o crescimento da base de dados, expondo a marca para um público cada vez mais exigente de qualidade e informações ou criando uma jornada de experiências positivas.

Antes de entrar nos casos práticos, vale dizer que uma empresa, independentemente de seu porte ou natureza, precisa saber se comunicar e transmitir seus valores para seu mercado de interesse. Vivemos em uma época na qual a disputa pela atenção das pessoas ocorre o tempo inteiro. Como podemos, portanto, nos tornar visíveis para apresentar nossos produtos e serviços?

> UMA EMPRESA, INDEPENDENTEMENTE DE SEU PORTE OU NATUREZA, PRECISA SABER SE COMUNICAR E TRANSMITIR SEUS VALORES PARA SEU MERCADO DE INTERESSE.

A primeira resposta é óbvia: oferecer qualidade diferenciada e benefícios compatíveis com a expectativa dos interessados. Porém, isso somente já não basta. Uma vez que você tenha definido o que seus clientes enxergam como valor, é fundamental pensar na melhor maneira de comunicar isso a eles. Nesse momento, entra em cena a equipe de marketing, que tem a habilidade de contar essa história de forma envolvente e interessante.

Aqui, o foco não está em simplesmente falar sobre a empresa ou a solução, mas sim em usar o storytelling para compartilhar experiências de outros clientes, dividir dores e desafios, e entregar informação de qualidade alinhada à expectativa de quem está do outro lado da mesa (ou da tela).

Quando esse trabalho é bem executado, a equipe de vendas encontra um terreno fértil para oferecer um produto ou serviço que já vem empacotado com tudo aquilo que o cliente deseja — ou ainda não sabe disso. Isso ocorre porque esse indivíduo teve seu desejo alimentado de maneira tão assertiva que o esforço de convencimento deixa de ser necessário: ele está pronto para ir até o checkout e efetivar seu pedido.

O papel da tecnologia, nesse processo, tem sido fornecer recursos para alcançar esses clientes com mais escala e velocidade. Ferramentas e metodologias como CRM, marketing digital, mídias sociais integradas e workflows de e-mail marketing são alguns dos inúmeros instrumentos disponíveis atualmente e que podem ser utilizados por pequenas, médias e grandes empresas, cada uma dentro da sua dimensão, nível de complexidade e intensidade comercial. O acesso a essas ferramentas está disponível a todos.

BÚSSOLA EXECUTIVA: CRESCIMENTO EXPONENCIAL ATRAVÉS DO MARKETING DIGITAL

A Bússola Executiva, criada em 2020 pelos irmãos sócios Patrícia, Rafael e Lívia Yaroussalian, é um programa inovador dedicado à formação e aceleração de carreiras executivas. Este programa distingue-se pela sua abordagem estratégica ao utilizar o marketing digital e técnicas de conteúdo para engajar e instruir um público mais amplo, focando em desafios habituais que pessoas enfrentam na carreira.

A jornada da Bússola Executiva começou com uma visão clara e um propósito transformador: reformular a trajetória de carreiras executivas com um foco em integridade, comportamento, atitude e habilidades interpessoais. Patrícia, a fundadora, trouxe uma abordagem única ao mundo corporativo, enraizada na crença de que o sucesso profissional não deve ser alcançado às custas de outros. "Fazer uma carreira de forma íntegra significa que você não vai usar pessoas, você não vai derrubar ninguém, você não vai diminuir ninguém nem roubar ideias de ninguém pra chegar onde você quer."

Inicialmente, o programa tinha um alcance limitado, focando em um nicho específico do mercado. Contudo, a verdadeira reviravolta veio quando Patrícia e sua equipe decidiram expandir seu público-alvo. Com a ajuda do marketing digital, eles começaram a oferecer soluções para problemas comuns de carreira, atraindo um público mais amplo através de conteúdos que não apenas identificavam problemas, mas também apresentavam soluções parciais e novas perspectivas.

Essa estratégia provou ser tremendamente bem-sucedida. Com a introdução de ferramentas digitais e análises sofisticadas, incluindo o uso de inteligência artificial para entender melhor o seu público (ou avatar), a Bússola Executiva conseguiu alcançar e impactar um número significativo de profissionais. Nos três primeiros anos de operação, o programa já havia formado mais de 4.000 alunos, e tendo alcançado um impressionante faturamento de R$12 milhões, o que demonstra não só a viabilidade do negócio, mas também a importância da utilização da tecnologia.

Além disso, a Bússola Executiva conseguiu um feito notável em termos de sucesso dos alunos: um caso de sucesso a cada dois dias, número que demonstra o impacto e eficácia do programa.

A história da Bússola Executiva é um testemunho do poder da educação, integridade e inovação no mundo dos negócios. A abordagem de Patrícia e sua equipe, combinando estratégias de marketing digital inovadoras com uma missão clara e objetiva, criou um modelo de sucesso que continua a inspirar e transformar o mundo corporativo.

Em uma conversa com os irmãos, eles refletiram sobre sua história de sucesso e compartilharam oito considerações antes da utilização de ferramentas de marketing digital:

1. **Clarificar sua essência:** Entender e articular profundamente o que a sua empresa é para o mercado e seus clientes, quais são seus valores fundamentais, crenças e motivadores. A essência da Bússola Executiva é formar e acelerar carreiras executivas, focando em comportamento, atitude, e principalmente nas relações interpessoais.

2. **Abordagem de Integridade:** Definir a maneira de agir e tomar decisões que é consistentemente alinhada com princípios éticos e morais da sua empresa. Nossa abordagem é de total integridade na carreira de nossos clientes. Fazer uma carreira de forma íntegra, o que significa que você não vai usar pessoas, você não vai derrubar ninguém. Você não vai diminuir ninguém nem roubar ideias de ninguém pra chegar onde você quer.

3. **Gerar Valor:** Buscar maneiras de agregar valor ao seu cliente e à sua rede de relacionamentos. Nós queremos que todos nossos clientes sejam um profissional que gera valor para as pessoas que estão no seu entorno e para os negócios que ele toca.

4. **Estratégia de Marketing e Vendas:** Entender que o marketing é o espaço para lidar com objeções e dúvidas dos clientes. Você não quebra objeção na venda, você quebra objeção no marketing.

5. **Importância do Conteúdo:** Criar conteúdos que identifiquem problemas e apresentem soluções. O objetivo do primeiro conteúdo não é ensinar a pessoa, mas mostrar pra ela que existe uma solução para aquilo.

6. **Definição do Público-Alvo (Avatar):** Identificar claramente o problema que seu produto ou serviço resolve e compreender profundamente quem é seu público-alvo, suas necessidades e desejos. O importante é identificar primeiro qual é o problema que você pode resolver.

7. **Escolhas Estratégicas:** Direcionar suas estratégias de marketing e produto para atender às necessidades desse público específico. Você tem que ter coragem de decidir quem você vai deixar para trás.

8. **Utilização da Tecnologia:** Selecionar ferramentas digitais de acordo com a necessidade da empresa, equipe e clientes. Usamos inteligência artificial para entender melhor nosso avatar além de ferramentas para nos ajudar na comunicação, colaboração e administração da nossa empresa. Somos uma empresa 100% digital.

SOBRE **AMAR** O QUE **FAZ**

Vamos compartilhar agora algumas histórias simples que certamente ajudarão você a entender melhor como a digitalização pode ser um diferencial na atividade de marketing e vendas do seu negócio. Algumas são reais, outras criadas apenas para estimular o exercício da reflexão e levar você a pensar o que faria se tivesse um desafio em mãos.

O primeiro caso que vamos contar é de uma pequena loja de carnes que viu, nas redes sociais, o melhor veículo para ganhar relevância e se apresentar como uma autoridade no segmento. O empreendedor, um jovem de família árabe com tradição no ramo de açougue, resolveu trazer a experiência dos seus parentes para o Brasil e ganhou destaque na mídia local ao produzir e divulgar pequenos vídeos com receitas utilizando seus próprios produtos.

A iniciativa dele não tinha o objetivo de vender carne diretamente, mas entreter os visitantes do canal com receitas divertidas e um slogan sobre como é bom fazer o que você ama. Isso é o que chamamos na prática de estratégia de marketing de conteúdo.

A criatividade e simpatia do jovem empresário rapidamente caíram nas graças de muitas pessoas, que começaram a curtir e compartilhar os vídeos, além de enviar suas próprias criações, gerando um grande engajamento espontâneo para a loja.

O resultado foi surpreendente: o pequeno açougue cresceu, deu origem a um restaurante e impulsionou o negócio, expandindo para outras cidades e continuando em crescimento. Um dos principais motivos desse sucesso foi a visão do empresário de perceber a força da comunidade para engajar marcas que estão condizentes com seus valores.

Sem destacar diretamente as qualidades de seu produto ou oferecer vantagens explícitas — e sem grande investimento em anúncios —, ele compreendeu que as redes sociais podem ser um poderoso aliado para estabelecer um vínculo próximo com os consumidores, desde que esses se conectem de maneira espontânea com seu conteúdo.

A mesma estratégia foi utilizada por um jardineiro que criou um perfil para compartilhar imagens do "antes e depois" de seu trabalho. O curioso, nesse caso, era que o rapaz atuava apenas em casas cujos jardins se mostravam em estado de abandono, desordenados e sem qualquer manutenção.

Para conseguir esses "cenários", ele se oferecia aos proprietários dos locais para cortar a grama sem cobrar nada por isso, pedindo apenas autorização para registrar sua atuação e divulgar o resultado nas redes sociais após seu trabalho.

O jardineiro, que nunca havia estudado marketing e sabia pouco sobre engajamento nas redes sociais, logo viu seu número de seguidores aumentar vertiginosamente, assim como os chamados para realizar seus serviços em diversos jardins das vizinhanças.

Com o tempo, o pequeno negócio ganhou um novo rumo e ele passou a ser convidado para oferecer cursos de jardinagem e fazer parcerias remuneradas com empresas que vendem produtos específicos para o segmento de jardinagem.

Em ambos os casos mencionados acima, os profissionais que colocaram suas imagens a serviço de seus pequenos empreendimentos viraram, eles próprios, uma mídia. Eles não precisaram "se vender" para isso, apenas apostaram na combinação do marketing de conteúdo com a força do digital para se tornarem influentes em suas comunidades e chamar atenção sobre si mesmos — e, consequentemente, sobre seus produtos e serviços.

Talvez, nesse momento, você esteja pensando que essa estratégia pode até funcionar para algumas pessoas, mas não para você, que não tem paciência para lidar com redes sociais e não se sente à vontade com tanta exposição pública.

No entanto, queremos deixar claro que, ao citar tais exemplos, não estamos dizendo que você necessariamente tem que ser a cara do seu negócio. Se você não se sente confortável desempenhando esse papel, há inúmeras maneiras de "aparecer" para seu público, seja por meio de pessoas da sua equipe, artistas contratados, personagens criados para esse fim ou mesmo avatares animados.

Além disso, o marketing de conteúdo não se baseia na exibição de uma única figura como sendo a "cara da empresa", mas na entrega de informações por meio de textos, imagens e vídeos que façam sentido ao público de determinada marca. Trata-se, sobretudo, de entregar algo que seja atrativo, cativante e instigante o suficiente para despertar o cliente a desejar interagir com o que você tem a oferecer.

SOBRE **VIAGENS** E **LEIS**

Vamos sair agora um pouco do universo das redes sociais e mostrar como o marketing de conteúdo associado à tecnologia pode impulsionar a visibilidade, a credibilidade e os resultados dos pequenos e médios negócios, a partir de uma abordagem mais integrada e combinando diferentes ferramentas para atrair potenciais clientes para dois tipos de negócios distintos: um escritório de advocacia e uma agência de turismo.

Começando pelo setor de turismo e lazer, um dos que mais têm se beneficiado da tecnologia em suas estratégias, principalmente com o poder das ferramentas digitais para capturar a atenção e influenciar pessoas. As agências de viagem têm adotado diversos recursos para chamar a atenção dos viajantes e transmitir sua mensagem, tudo isso sem investimentos milionários, mas fazendo uso de muita criatividade e inteligência comercial.

Reflita conosco: quando uma pessoa decide visitar um destino turístico, qual seu primeiro passo hoje para começar a materializar esse sonho? Podemos dizer sem medo de errar que é realizar buscas na internet para conhecer mais sobre o local e reunir referências de acomodações, transporte, clima, passeios, compras, restaurantes e dicas em geral.

Cientes desse interesse, as empresas desse setor já entenderam que um caminho para ganhar o coração dos viajantes é fornecer dicas valiosas daquilo que eles desejam saber e, em troca, coletar dados importantes para traçar seu perfil e preferências.

Nesse cenário de possibilidades, a imaginação é o limite: publicações em blogs e redes sociais, vídeos no Youtube, depoimentos de influencers parceiros, grupos de discussões e websites recheados de informações relevantes e sempre atualizadas são apenas alguns dos canais utilizados pelo marketing digital das empresas de turismo para atrair atenção do público para um destino-alvo — e, obviamente, apresentar-se como a escolha certa para ajudar a realizar esse desejo.

Nessa fase, é mais importante para as agências e demais empresas do setor ganhar autoridade e estabelecer uma comunicação com as pessoas do que fechar vendas imediatamente. Todo esse fluxo de interesse, portanto, precisa ser construído de maneira gradativa, à medida que o cliente interessado no destino deixa seus dados registrados nos canais por onde passa (nome, e-mail, telefone, interesses, motivos para as viagens etc.), tornando-se o que chamamos de lead, ou seja, um contato que interagiu com a empresa em determinado momento e pode se transformar em um cliente em potencial.

A tecnologia tem desempenhado um papel crucial nesse processo, permitindo que os sistemas e aplicativos de gestão possam armazenar, cruzar e organizar os dados desses leads para classificá-los de acordo com seus interesses e nutri-los com estratégias de marketing de conteúdo personalizadas.

O objetivo da empresa é fortalecer seu relacionamento com esses contatos e guiá-los dentro de um funil de vendas, ajudando-os a tomar uma decisão de modo que, na hora certa, a área comercial entre em ação e ofereça a cada um deles um produto ou serviço que atenda aos seus anseios e os convertam de prospects a clientes.

A mesma dinâmica pode ser aplicada ao setor jurídico. Tomemos como exemplo um escritório de advocacia cujo foco é atender uma carteira de clientes composta por pequenas e médias empresas, especialmente aquelas do setor de serviços que necessitam de assessoria jurídica diariamente em várias áreas (comercial, contratos, pessoal, compras etc.).

Após uma análise minuciosa do seu público-alvo, os sócios do escritório de advocacia desenvolveram um planejamento estratégico com o objetivo de dobrar de tamanho em pelo menos um ano por meio de ações de marketing. Seu principal desafio seria adotar tecnologia para impulsionar esse crescimento, sobressaindo-se à grande maioria de escritórios de advocacia do Brasil, que ainda não passaram pela transformação digital — muitos sequer possuem website para divulgação dos seus serviços especializados.

O primeiro passo nesse sentido pode ser a criação de uma lista das empresas da região que se enquadram no perfil desejado pelo escritório. Para criar esse pré-cadastro, uma abordagem viável é realizar pesquisas online em sites de busca, redes sociais e comunidades virtuais, mapeando nomes, endereços, áreas de atuação, quantidade de empregados, informações sobre porte e receita e outras informações disponíveis.

A partir desses dados, o segundo passo é alimentar uma plataforma de CRM para catalogar e classificar esses contatos com o propósito de oferecer-lhes conteúdo relevante, seja por meio de posts em blogs, e-mails marketing, convites para webinars (cursos rápidos realizados em formato remoto) ou workshops presenciais.

Com isso, o objetivo do escritório é fornecer informações valiosas para um público bem segmentado, ensinando e auxiliando pessoas a entenderem melhor alguns aspectos do sistema jurídico e, com isso, ganhar relevância e autoridade sobre o assunto.

Com uma entrega de conteúdo alinhada aos interesses dessas empresas-alvo, o escritório pode reunir um grupo de clientes em potencial e estabelecer com eles uma relação de parceria, ainda sem ações para uma venda direta. Somente após a consolidação dessa fase, os sócios devem abordar esses prospects e oferecer seus serviços. Nesse ponto, o caminho para o fechamento do contrato se torna mais simples, uma vez que a confiança entre as partes já terá sido firmada.

No mundo dos negócios, conquistar esse nível de confiança é um requisito fundamental, pois as pessoas desejam lidar apenas com aqueles em quem podem confiar. Ao estabelecer uma boa reputação, demonstrar expertise e fornecer um serviço de qualidade, você se torna uma escolha natural para aqueles que buscam parcerias sólidas e de longo prazo.

DO **MARKETING** AO **DELIVERY**

Vamos agora analisar o caso de uma pequena loja do segmento de limpeza cujo trabalho em vendas é semelhante à maioria dos comércios da sua região: vender produtos por preços mais baixos para alcançar o maior número possível de clientes.

Essa empresa está presente no mercado há cinco anos e tem como público-alvo os moradores próximos. No entanto, o proprietário percebeu um aumento na concorrência e entendeu que, para sobreviver, precisa adotar novas estratégias. O que ele poderia fazer sem correr grandes riscos ou investir além de seus recursos? Uma das respostas mais básicas para a expansão de qualquer negócio: ampliar a carteira de clientes.

Ao analisar seu público principal, o empreendedor percebeu que, se não havia oportunidades de crescimento entre os clientes individuais, uma possibilidade seria vender seus produtos para outros pequenos estabelecimentos comerciais nas proximidades, afinal, higiene e limpeza são necessidades presentes em qualquer segmento de atuação.

De imediato, o proprietário fez algumas pesquisas online em sites com geolocalização e identificou, em um raio de até 5 km, todas as pequenas e médias empresas locais: de açougues e salões de beleza a consultórios clínicos e lojas variadas, foram coletados quase 500 contatos com potencial para se tornar prováveis compradores de materiais de limpeza.

Para compreender as necessidades desses potenciais clientes, o empreendedor elaborou uma enquete digital focada em identificar potenciais necessidades para as soluções que sua empresa oferece, expectativas de qualidade, faixas de preço, capacidade de entrega e outras variáveis percebidas como atributos de valor.

O questionário foi enviado para o e-mail disponibilizado por essas empresas em seus sites ou redes sociais, solicitando as informações em troca de brindes ou vouchers promocionais. Cerca de 30% das empresas contatadas retornaram as respostas solicitadas, que alimentaram o CRM da loja e, posteriormente, foram analisadas para subsidiar a criação de peças de comunicação de marketing estratégico.

A partir dessa experiência, foram desenvolvidos conteúdos personalizados como informações sobre limpeza de gordura residual em cozinhas industriais, sugestões dos produtos mais indicados para consultórios médicos e técnicas de higienização para condomínios. Tudo isso disparado em formato digital, pronto para ser compartilhado nas redes sociais ou WhatsApp e envelopado com a marca da loja e um botão de compra no rodapé da comunicação.

Um exemplo desse tipo de conteúdo foi a criação de um vídeo direcionado aos restaurantes e produzido em parceria com um estabelecimento já atendido pela loja para mostrar a equipe de conservação limpando a cozinha do local e apresentando os produtos utilizados, enfatizando sua eficácia.

Esse vídeo foi patrocinado por anúncios nas plataformas de mídia social, como Instagram e Facebook, direcionado ao público local. Dessa forma, o conteúdo pôde ser visualizado pelos profissionais e donos dos restaurantes do bairro, criando uma referência atraente e positiva sobre a loja de produtos de limpeza.

Além dessas ações de marketing, a tecnologia também passou a ser utilizada por essa empresa para impulsionar suas vendas (por meio de um canal de televendas ou e-commerce), melhorar o atendimento ao cliente (uso de aplicativos de mensagens e chatbox) e agilizar as entregas, que passaram a ser realizadas por meio de serviços digitais de delivery.

Se isso, à primeira vista, parece complicado para você, saiba que com um pouco de estudo, análise crítica e apoio especializado, pode ser mais fácil do que você imagina. Existem recursos e ferramentas disponíveis para auxiliar na implementação dcssas soluções tecnológicas, permitindo que a empresa se adapte ao cenário atual e explore novas oportunidades de negócio.

MUITO ALÉM DAS **FRUTAS**

Dos produtos de limpeza, vamos agora para o setor agropecuário, mais especificamente para a propriedade rural de um fazendeiro que produz e comercializa frutas. Parte dessas frutas é vendida para uma cooperativa, que as transforma em sucos, geleias, polpas e outros produtos, enquanto o restante é entregue a um intermediário responsável por abastecer supermercados, quitandas e lojas de hortifrúti.

Durante um longo período, esse modelo de negócio funcionou bem e sem grandes problemas. No entanto, com a chegada da pandemia e o consequente fechamento do comércio, paralisação da produção na cooperativa e queda nas vendas, o fazendeiro percebeu que dependia demasiadamente desses dois pilares de compradores e sentiu a necessidade de expandir sua carteira de clientes.

A solução encontrada foi implantar um site de e-commerce e começar a vender diretamente para famílias, empresas e indústrias locais, atendendo às necessidades alimentares de cada um desses atores. Em paralelo, ele otimizou as ações de marketing da empresa, explorando as redes sociais para promover suas frutas e atrair clientes que ainda não conheciam seus produtos.

Mais uma vez, o marketing de conteúdo foi uma estratégia utilizada para gerar e qualificar leads. Foram criados vídeos com receitas, dicas de usos alternativos para as cascas das frutas, tutoriais para fazer adubo em casa e guias sobre itens orgânicos, entre outros temas. Essas abordagens visavam criar uma comunidade de seguidores da marca com potencial para se tornarem consumidores.

Aproveitando o conceito de comunidades, o fazendeiro também investiu em parcerias com influenciadores digitais que tinham afinidade com temas como alimentação saudável, vegetarianismo e vida sustentável, a fim de alcançar um novo segmento de público. Além disso, ele lançou um aplicativo de vendas, no qual os clientes recorrentes podiam se cadastrar em um programa de fidelidade, acumular pontos e acessar descontos e benefícios exclusivos.

O fazendeiro teve ainda outras ideias inovadoras, como o lançamento de campanhas promocionais que ofereciam às famílias a oportunidade de passar um dia em sua propriedade rural, conhecendo o processo de colheita das frutas e a fabricação das geleias.

Também foram realizadas degustações dos produtos, proporcionando uma experiência mais completa aos seus clientes. Todas essas iniciativas foram divulgadas para a base de contatos no seu CRM, que foi se expandindo ao longo do tempo e utilizada para estreitar os laços com os clientes.

A aposta deu tão certo que o empreendedor logo descobriu que as oportunidades à sua frente estavam além do comércio de frutas. Com o tempo, ele expandiu o negócio e passou a vender também seus conhecimentos na área, oferecendo treinamentos presenciais e online sobre o cultivo frutífero.

Desse modo, ele criou uma marca em torno do próprio nome e se tornou uma autoridade para pessoas interessadas em agricultura orgânica. Isso lhe rendeu convites para participar de workshops e palestras do segmento, e diversas oportunidades de parcerias comerciais e patrocínios.

Como podemos concluir, as possibilidades que a tecnologia disponibiliza hoje para impulsionar o marketing e as vendas de pequenas e médias empresas são inúmeras. Todas elas ajudam a executar de modo mais eficiente e ágil as estratégias necessárias para chamar a atenção dos clientes em um mundo cada vez mais competitivo e abarrotado de informações.

No entanto, uma vez conquistados, esses clientes precisam ser mantidos por meio de ações de retenção, pós-venda e, acima de tudo, relacionamento. É sobre isso que falaremos a seguir.

Neste capítulo, discutimos como a digitalização melhora o marketing e vendas, especialmente em pequenas e médias empresas. Tecnologias como CRM e redes sociais otimizam a comunicação e aumentam a eficácia na conversão de clientes. Exemplificamos com o sucesso do programa Bússola Executiva, destacando como uma estratégia digital bem implementada pode impulsionar o crescimento do negócio e promover inovações constantes para um crescimento sustentável.

Continue seu aprendizado online.

CAPÍTULO **12**

COMO USAR A **TECNOLOGIA** PARA MELHORAR SEU **RELACIONAMENTO** E ATENDIMENTO AOS **CLIENTES**

COMO USAR A **TECNOLOGIA** PARA MELHORAR SEU **RELACIONAMENTO** E ATENDIMENTO AOS **CLIENTES**

12

Manter um bom relacionamento com o cliente é extremamente importante para o sucesso de um negócio. Muitas vezes, as empresas focam somente nos esforços de venda e acabam se esquecendo de que cativar o cliente e mantê-lo satisfeito deve ser seu propósito principal.

Organizações que não internalizam esse pensamento em sua cultura estão fadadas a enfrentar dificuldades futuras e arriscam sua sobrevivência em um mercado de fortes concorrentes. Infelizmente, isso ocorre frequentemente.

Certamente você se lembra de várias situações em que comprou algo em um determinado estabelecimento e, ao ter algum problema com o produto, quando procurou essa empresa, não encontrou receptividade para resolver a questão. Ou até mesmo ao se tornar cliente de um serviço permanente e, após a assinatura do contrato, não recebeu assistência quando necessário. Outra experiência comum é entrar em uma loja e ser ignorado pelos vendedores por não demonstrar interesse em comprar algo desde o início.

Todos esses exemplos são reflexo da falta de uma estratégia consistente de comunicação e relacionamento com o cliente, criando um perigoso elemento para o seu negócio: o cliente detrator; ou seja, aquele que teve uma experiência ruim com sua empresa e se esforçará

> **MANTER UM BOM RELACIONAMENTO COM O CLIENTE É EXTREMAMENTE IMPORTANTE PARA O SUCESSO DE UM NEGÓCIO.**

para impedir que amigos e familiares adquiram produtos ou serviços de sua marca. Isso acontece porque você perdeu a confiança, algo precioso para se manter vivo no mercado.

Cultivar esse relacionamento, portanto, é essencial. E a tecnologia pode desempenhar um papel importante nesse sentido, seja fornecendo ferramentas e metodologias para aprimorar a comunicação entre a empresa e seu público, facilitando o acesso às informações ou criando experiências positivas.

Dentre todas as possibilidades surgidas com a tecnologia, uma das mais relevantes nos últimos tempos é a comunicação por meio de multicanais (ou, em inglês, omnichannel). Isso significa que sua empresa pode estar disponível, ao mesmo tempo, por telefone, e-mail, WhatsApp, aplicativos de redes sociais, chatbot ou qualquer outra plataforma na qual seu cliente demande atenção e seja mais conveniente para ele.

Vale ressaltar, no entanto, que essa disponibilidade precisa ser real e monitorada de perto; não adianta abrir várias janelas de comunicação e relacionamento sem fornecer um atendimento adequado. Muitas empresas, especialmente as menores, às vezes cometem o erro de oferecer canais diversos sem se prepararem para lidar com cada um deles, o que pode resultar em uma experiência negativa para o cliente, caso suas perguntas ou solicitações não sejam atendidas de maneira ágil e eficiente.

O WhatsApp, por exemplo, tem se mostrado uma excelente ferramenta de relacionamento, especialmente no Brasil, considerado o segundo país com mais usuários ativos em todo o mundo, perdendo apenas para a Índia. No entanto, quando o aplicativo é programado para automatizar demais o processo de relacionamento, dificultando o acesso a um atendente real, a estratégia pode ser um tiro no pé, pois afasta aqueles que prezam por um atendimento rápido, porém não excessivamente robotizado.

> DENTRE TODAS AS POSSIBILIDADES SURGIDAS COM A TECNOLOGIA, UMA DAS MAIS RELEVANTES NOS ÚLTIMOS TEMPOS É A COMUNICAÇÃO POR MEIO DE MULTICANAIS

O desafio, portanto, é conhecer a fundo os desejos e necessidades do seu cliente e disponibilizar diferentes pontes de contato, de modo que a automação não comprometa a capacidade da empresa de oferecer um atendimento personalizado e humano.

Voltando ao caso da CambioReal, a empresa liderada por mim, Cassel, e situada em território americano, foi identificado pelo nosso time, logo nos meses iniciais de nossa operação no ano de 2004, um gargalo na etapa de finalização das remessas financeiras dos clientes, que se sentiam inseguros com a efetividade da transação.

Por meio da análise dos dados coletados, percebemos que seria útil adicionar um chat no fim do processo, com uma aparência visível para o cliente, para que ele soubesse que havia alguém ali disponível para ajudá-lo.

Hoje isso pode parecer trivial, mas foi algo inovador à época e ajudou a converter muitas vendas, uma vez que os clientes enxergavam como diferencial competitivo a facilidade de esclarecer suas dúvidas com um atendente, sem precisar telefonar para o suporte. Ao longo do tempo, esse processo evoluiu e atualmente oferecemos a opção de ligar para o cliente que sinalizar desejo de atendimento. Essa abordagem surpreende os clientes, que pensam: «Eles realmente vão me ligar? Não consigo acreditar!».

Essa dinâmica se tornou viável com a implantação de um sistema de telefonia que nos permite ter números de telefone locais nas principais capitais do Brasil, dando a impressão aos nossos clientes nos Estados Unidos de que os atendentes humanos da CambioReal estão presentes em todos os lugares. Isso transmite uma imagem de elevado profissionalismo, segurança e confiança.

Apresentamos este exemplo para enfatizar a importância de equilibrar a automação dos canais de comunicação com o atendimento pessoal, pois se tudo for realizado exclusivamente pelas máquinas, de maneira padronizada, corremos o risco de não permitir mudanças e melhorias nos processos, o que pode levar à perda de clientes e, consequentemente, ao desvio do nosso propósito principal.

ATRAIR E **FIDELIZAR** NOVOS **CLIENTES**

Vamos agora realizar um exercício reflexivo sobre como podemos manter esse equilíbrio e aprimorar o relacionamento com nossos clientes por meio da adoção de estratégias baseadas na tecnologia.

Imagine que você é proprietário de um pequeno açougue localizado em um bairro tradicional na cidade de São Paulo, onde há dezenas de concorrentes diretos que utilizam como vantagem competitiva o preço dos produtos — as famosas promoções semanais que garantem a sobrevivência nesse mercado.

A maior parte desses estabelecimentos opera de maneira conservadora, atendendo a um público formado principalmente por clientes acima dos cinquenta, que representam uma parcela importante dos moradores na região. Observando que seu açougue está carente de clientes mais jovens e perdendo espaço para as grandes redes de supermercados, você decide investir em mais tecnologia para melhorar seus processos de atendimento aos clientes e voltar a crescer. Por onde você começaria a implantar tais mudanças? Vamos ajudar você a desenhar essa transformação.

O primeiro passo é dividir a estratégia focada em dois diferentes tipos de público: clientes atuais (público acima dos cinquenta anos) e novos clientes (jovens). Para o primeiro público, que frequenta o seu açougue há anos e, em geral, tem pouca familiaridade digital, o melhor nesse momento é focar em manter um bom atendimento e buscar melhorar sua experiência dentro da loja.

Já para o segundo, podemos direcionar nossos esforços à faixa etária entre 30 e 40 anos de idade, composta por pessoas bastante ocupadas e com pouco tempo disponível para "perder" comprando carne. Quando vão a um açougue, esses clientes não querem passar horas escolhendo seus itens ou conversando, e sim entrar e sair rapidamente com produtos de qualidade e preços razoáveis. Nossa pergunta então é: como podemos entregar carne de qualidade de uma forma que atenda às expectativas desse perfil?

De imediato, podemos afirmar que vamos usar a tecnologia para resolver essa dor. Para ilustrar, traremos alguns exemplos das várias possibilidades facilmente aplicáveis e adaptáveis — e com baixo custo.

Como ponto de partida, podemos sugerir a adoção de um esquema de compra e retirada: por meio de um aplicativo simples, o cliente seleciona seus produtos, realiza o pagamento digitalmente e escolhe um horário para receber direto na loja, sem passar por balcão ou fila de caixa.

"Mas isso é muito caro", você poderia dizer. Na verdade, essa solução tem um custo muito menor do que você pode imaginar, pois é facilmente implementada com ferramentas que já existem e podem ser customizadas ao seu negócio sem a necessidade de profissionais de TI para desenvolver o aplicativo. Além disso, como plano B, é possível utilizar até mesmo o WhatsApp como canal de comunicação entre o atendente da loja e os clientes.

A única exigência nessas soluções acima é ter uma pessoa no estabelecimento dedicada para lidar exclusivamente com o atendimento online. Essa pessoa antecipa a venda e prepara os pacotes para a retirada à medida que o consumidor faz o pedido e informa quando irá buscá-lo.

Uma terceira possibilidade, seguindo a mesma linha de atuação, seria utilizar serviços de entrega de aplicativos de delivery; para isso, bastaria cadastrar seu açougue nessas plataformas, disponibilizar opções diversas de cortes de carne e oferecer ao cliente a possibilidade de comprar seus produtos por meio dessas ferramentas as quais ele já utiliza no dia a dia. Essa alternativa também permitiria a ampliação de seu raio de atuação para clientes de outros bairros ou cidades vizinhas.

Em paralelo, você pode, caso ainda não tenha a prática, cadastrar eletronicamente seus antigos e novos clientes e classificá-los de acordo com suas preferências e históricos de compra. Esses dados podem ser utilizados para identificar padrões do seu público, entender por que certos comportamentos estão ocorrendo — muitas vezes sem que você tenha percebido — e ter mais embasamento qualificado para tomar decisões de maneira mais assertiva.

Por exemplo, você pode perceber que o movimento é fraco às segundas e terças e criar uma ou mais iniciativas para mudar esse cenário. Exemplo: o dia da degustação de cortes nobres de suínos e comunicar isso pelo WhatsApp ou disparo de e-mail marketing para sua lista de clientes. Portanto, é fundamental ter um claro objetivo dessa coleta de dados e utilizá-los para criar eficiência e insights em diversos processos.

Outra sugestão é usar essa base de contatos para enviar formulários eletrônicos de pesquisa de opinião a fim de medir a satisfação das pessoas com o serviço da loja. Ao preencher o questionário, o cliente pode receber um desconto em sua próxima compra, criando um incentivo adicional para fidelizá-lo.

Vale destacar, no entanto, que embora a transformação digital seja necessária para abarcar novas soluções e possibilitar o crescimento do açougue, é preciso continuar oferecendo opções diversificadas de atendimento para satisfazer aqueles que ainda preferem o contato pessoal e a experiência presencial.

CONTADORES E A TECNOLOGIA

Vamos agora mudar de área e tomar como caso de estudo uma profissão que tem sido bastante impactada pela própria tecnologia: os contadores. Hoje já existem inúmeros recursos digitais sendo lançados o tempo inteiro como alternativas "aparentemente" capazes de substituir essa atividade de maneira segura e mais barata. Como as empresas de contabilidade, portanto, podem se proteger desse "ataque" e continuar se mostrando relevantes para o mercado?

Em primeiro lugar, cabe dizer que há algo que plataforma alguma pode realizar com a mesma qualidade humana, que é a relação interpessoal, a capacidade de criar relacionamentos de confiança e entregar um atendimento consultivo de alto nível aos clientes. No campo da contabilidade, um atendimento personalizado é uma característica valiosa, pois questões financeiras e tributárias podem ser complexas e requerer abordagens individualizadas e específicas. Nesse sentido, a tecnologia tem limitações em replicar a interação calorosa que um contador tradicional pode oferecer.

No entanto, isso não significa que os contadores não possam utilizar tecnologia para melhorar seu atendimento aos clientes. Eles podem adotar aplicativos e sistemas para simplificar seus processos e fornecer soluções objetivas às demandas de informações dos clientes. Isso permite que ambos os lados tenham uma visão clara das finanças e facilita a troca de dados e documentos importantes.

Imagine que você é um contador tradicional que percebeu as ameaças desses novos tempos e decidiu trazer a transformação digital para seu escritório. Apesar de atuar no mercado há 30 anos, você não tem sua base de clientes estruturada e carece de dados concretos. Seu desafio será corrigir essa falha e adotar estratégias tecnológicas para atender melhor seu público, estreitar o relacionamento e, com isso, blindar a empresa da massiva concorrência digital.

O passo inicial não é diferente de tudo o que já falamos até o momento. Você terá que investir em uma ferramenta de CRM, catalogar seus clientes e mapear seus padrões de comportamento. Em seguida, você pode estabelecer uma agenda semanal ou mensal de encontros com essas pessoas para alinhamento das atividades — proporcionando o tipo de valor que máquina alguma é capaz de oferecer.

Como você provavelmente não tem tempo disponível para fazer esse controle, uma possibilidade é adotar um sistema de agendamento eletrônico e realizar reuniões online via ferramentas de videoconferência. Durante esses encontros, você poderá entender as necessidades do cliente e oferecer soluções para problemas em evidência.

No que diz respeito à transferência e arquivamento de documentos, você pode escolher uma entre as diversas tecnologias disponíveis para facilitar esse processo tão importante para sua atividade. Se no passado o armazenamento desses materiais era feito em pastas físicas guardadas dentro do escritório, com o tempo, isso passou a ser feito por meio de trocas de e-mail e, posteriormente, por WhatsApp ou outros aplicativos de mensagens.

Apesar de ter representado um avanço, esse tipo de processo pode ser melhorado e tornado ainda mais eficiente com o uso de ferramentas mais adequadas para esse fim, como Box.com, Dropbox, OneDrive, Google Drive e diversos outros. Ao transferir e arquivar documentos em pastas digitais na nuvem, você e seus clientes podem ter acesso rápido e seguro a essas informações, garantindo que nada se perca no meio do caminho ou caia em mãos erradas.

Esse tipo de controle proporcionado pela tecnologia permite não apenas a satisfação do cliente com seu serviço, como deixa você e sua equipe mais livres para cuidar do relacionamento com os clientes e se fazerem mais presentes na manutenção de uma parceria baseada em confiança acima de tudo.

EMPRESA DE AUTOPEÇAS

Da área contábil, vamos analisar agora algumas possibilidades de usar a tecnologia para aprimorar o relacionamento com os clientes em uma empresa B2B da indústria automobilística.

Suponha que você seja o proprietário de uma pequena fábrica que produz parafusos de alta precisão, os quais são utilizados para fixar rodas e outras peças importantes em um carro. Seus principais clientes, portanto, são grandes montadoras de veículos, a quem você precisa atender com qualidade e desempenho de excelência, sob o risco de ser substituído pela forte concorrência existente neste setor industrial.

Para melhorar esse atendimento, antes de tudo é fundamental entender o segmento de negócio em que você está inserido e, como mencionado diversas vezes neste livro, ter processos bem estabelecidos de análise de dados geridos por um sistema de CRM para acompanhar a jornada dos clientes.

Somente quando temos conhecimento sobre a situação de cada cliente em determinado momento, seja durante a pré-venda, pós-venda, operações ou atendimento a problemas, podemos oferecer um suporte eficiente e atender a suas expectativas de relacionamento.

Por conhecer o perfil dos seus clientes, você sabe sua tendência de comportamento de compras, envolvendo dados como quantidade de parafusos solicitados, tipos, periodicidade de solicitações etc. A partir dessas informações, você pode integrar seus sistemas aos das montadoras e fazer uma gestão mais ativa das demandas desses clientes.

Nesse caso específico, seria necessário estabelecer uma comunicação entre os sistemas de sua empresa e das montadoras por meio de APIs, para que cada montadora possa informar quais peças estão disponíveis, por exemplo, e realizar pedidos automáticos quando o estoque estiver baixo. Isso evitaria a necessidade de intervenção humana para fazer a solicitação.

Essa prática é bastante comum atualmente, principalmente em indústrias nas quais os processos são recorrentes, pois permite otimizar a linha de produção, realizar reposições de modo automático e melhorar a agilidade na entrega e controle de estoques — o que traz impacto positivo direto na qualidade do relacionamento com os clientes.

Citamos acima o termo API, Interface de Programação de Aplicativo (do inglês *Application Programming Interface*), que é a forma de dois ou mais computadores ou componentes se comunicarem. No linguajar da tecnologia falamos "fazer a integração de sistemas via API", ou seja, conectar um computador ao outro para que dados sejam compartilhados.

Para entender as APIs, é crucial distinguir entre sua definição técnica e o uso comum do termo nas conversas. Essas duas perspectivas são bastante diferentes, o que pode tornar o conceito confuso. Primeiro, vamos explorar a definição técnica de uma API.

Como funciona uma API

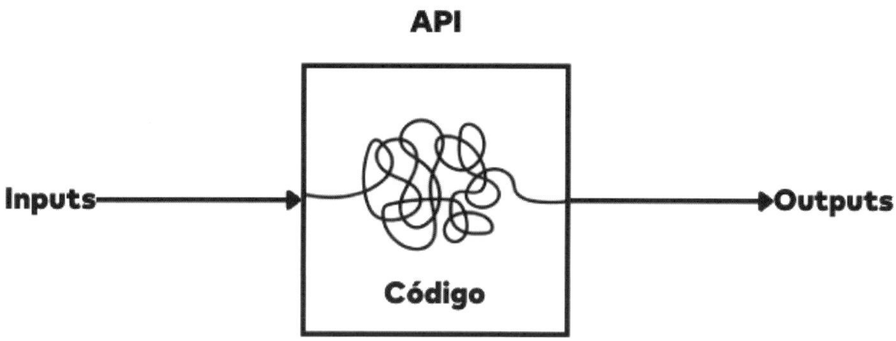

Quando programadores constroem módulos de código para funções específicas, eles definem claramente as entradas (inputs) que esses módulos aceitam e as saídas (outputs) que produzem; isso é essencialmente o que uma API é. Fazer uma chamada de API é como fornecer as entradas necessárias para obter saídas específicas, semelhante a fazer uma ligação telefônica.

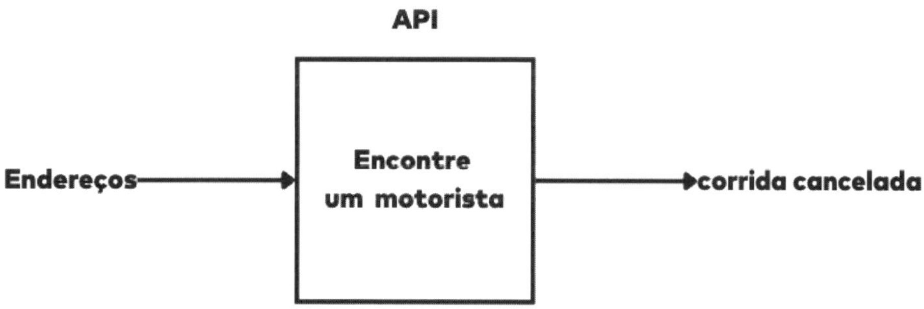

Input: Uma API especifica claramente o tipo de entrada que requer. Por exemplo, a API do Google Maps precisa de um endereço formatado corretamente para funcionar, pois está projetada para converter endereços em coordenadas geográficas.

Output: Da mesma forma, as APIs entregam resultados específicos. Se você fornecer o endereço correto à API do Google Maps, ela retornará as coordenadas no mesmo formato consistentemente. Se houver um erro, como um endereço não encontrado, a API especificará o motivo.

Essa é a visão técnica e teórica das APIs.

Como as pessoas falam sobre uma API

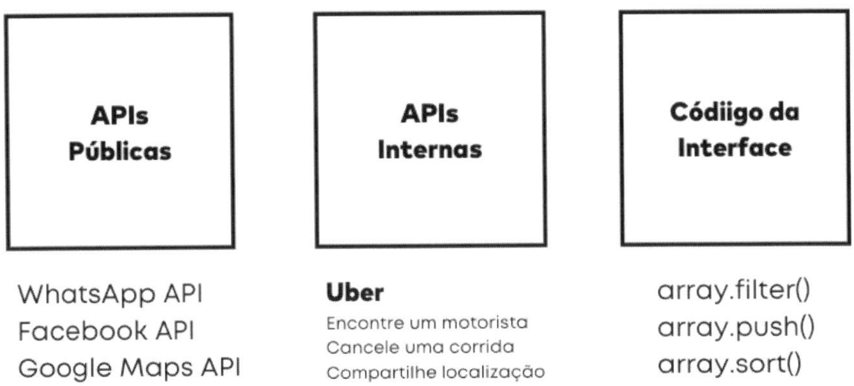

APIs em conversas:

- "Ainda estamos definindo a API, mas ela deverá atender às suas necessidades" — Estamos determinando quais informações entrarão e sairão desta parte do aplicativo, mas acreditamos que será útil para o seu caso de uso.
- "Você pode integrar os dados usando a API do Twitter no seu aplicativo" — A API pública do Twitter permite acessar e integrar os dados necessários diretamente no seu aplicativo de forma programada.

- "Estou enfrentando um erro persistente de autenticação na API" — Ao tentar acessar a API, preciso autenticar com minhas credenciais, mas estou encontrando problemas nesse processo.
- "Desenvolvi uma API que localiza os 10 caminhões de taco mais próximos em tempo real" — Uma inovação que promete ser muito conveniente para os amantes de tacos.

Com esse exemplo e explicação, queremos ressaltar algo que precisa ficar claro na sua cabeça: para ser bem-sucedida, a transformação digital precisa abranger todos os aspectos do negócio. Isso inclui desde o processo de produção e vendas até a modernização dos meios de entrega e relacionamento. E para isso, sistemas precisam se conectar para que informações sejam compartilhadas respondendo perguntas que o seu negócio precisa. É essa visão sistêmica que proporciona um crescimento mais perene para todo o negócio, tendo como base de sustentação a tecnologia.

Dando continuidade para olharmos o potencial do uso da tecnologia para melhorar as diferentes funções das empresas, no próximo capítulo, vamos falar do valor da digitalização para as áreas de operações, produção e logística.

> "SISTEMAS PRECISAM SE CONECTAR PARA QUE INFORMAÇÕES SEJAM COMPARTILHADAS RESPONDENDO PERGUNTAS QUE O SEU NEGÓCIO PRECISA."

Este capítulo destaca a importância da tecnologia para melhorar o atendimento ao cliente em pequenas e médias empresas. Discutimos como a falta de uma estratégia de comunicação eficaz pode prejudicar a imagem da empresa. Exemplificamos o uso de comunicação multicanal—telefone, e-mail, WhatsApp, redes sociais—para enriquecer a experiência do cliente, equilibrando automatização com atendimento personalizado, fortalecendo a confiança e a lealdade do cliente.

Continue seu aprendizado online.

CAPÍTULO **13**

COMO USAR A **TECNOLOGIA** PARA **MELHORAR** O DESEMPENHO EM **OPERAÇÕES,** PRODUÇÃO E **LOGÍSTICA**

COMO USAR A **TECNOLOGIA** PARA **MELHORAR** O DESEMPENHO EM **OPERAÇÕES,** PRODUÇÃO E **LOGÍSTICA**

13

"É como se fossem muitas empresas dentro de uma única empresa." Você certamente já teve esse tipo de pensamento, seja em relação ao seu próprio negócio ou a outras empresas nas quais tenha trabalhado em sua carreira. Não é raro encontrarmos organizações em que as equipes operam de maneira independente, deixando de lado algo fundamental para o sucesso em qualquer área de atuação: a integração entre pessoas e processos de uma mesma área e a interação com outros departamentos.

Quando essa segregação ocorre, a tecnologia pode ser um facilitador para conectar atividades e processos, reduzir falhas e impulsionar o crescimento da empresa, de modo que todas as áreas estejam comprometidas com a qualidade da entrega final e, claro, com a satisfação do cliente.

Se você morou em médias e grandes cidades brasileiras na década de 1990 e precisou usar os serviços da Junta Comercial Estadual para abrir uma empresa, talvez lembre como a instituição operava. Naquela época, os setores eram fisicamente separados e funcionavam como uma espécie de "silos" independentes. A comunicação só ocorria quando uma informação era transferida de um departamento para outro, tal qual uma linha de montagem, avançando em direção ao fim de cada processo.

> A TECNOLOGIA PODE SER UM FACILITADOR PARA CONECTAR ATIVIDADES E PROCESSOS, REDUZIR FALHAS E IMPULSIONAR O CRESCIMENTO DA EMPRESA, DE MODO QUE TODAS AS ÁREAS ESTEJAM COMPROMETIDAS COM A QUALIDADE DA ENTREGA FINAL E, CLARO, COM A SATISFAÇÃO DO CLIENTE.

Por exemplo, você apresentava um documento no atendimento inicial, solicitando a abertura de um CNPJ, e sua solicitação seguia para o pessoal de análise e, na sequência, para a área de registro, onde, enfim, toda a documentação era trabalhada até estar pronta para a liberação formal da empresa para o empreendedor. Considerado complicado e demorado, esse processo levava de três a seis meses para ser concluído.

Essa lentidão estimulou o surgimento dos despachantes, escritórios e pessoas que prestavam serviço para acelerar a circulação desses documentos, aproveitando-se de seus contatos pessoais e informações privilegiadas para agilizar a burocracia, mesmo que isso implicasse em receber propina.

Com a implementação da tecnologia, essa realidade melhorou muito e os departamentos foram integrados, agilizando os processos. Ainda não chegamos à eficiência norte-americana — onde abrir uma empresa leva cerca de poucos minutos preenchendo um formulário online —, mas atualmente, no Brasil, reduzimos o tempo necessário para ultrapassar todos os trâmites legais para cerca de uma semana.

Isso se tornou possível porque, embora os processos em si não tenham mudado significativamente, conseguimos eliminar algumas etapas que envolviam atividades manuais (como a impressão excessiva de papel!) e otimizamos o fluxo entre as áreas por meio do uso de sistemas seguros e velozes. Essa melhoria permitiu que todos os profissionais acompanhem melhor o andamento de cada caso e forneçam respostas mais precisas sobre a situação dos solicitantes.

Quando uma empresa adota esse pensamento cíclico, sua cadeia de processos pode ser realizada de maneira harmônica com vistas à manutenção de um ambiente de maior controle e eficiência operacional.

LOJA DE MÓVEIS

Vamos tomar como exemplo ilustrativo uma pequena loja que fabrica e vende móveis sob medida. Imagine que essa empresa implemente uma plataforma tecnológica para controlar seu estoque e automatizar os pedidos de materiais. Com essa ferramenta, a fábrica opera de maneira conectada, interligando todas as suas etapas, desde a entrada de pedidos até a liberação para a produção e entrega ao cliente.

A adoção dessa visão sistêmica, respaldada pela tecnologia — que pode ser aplicada em negócios de qualquer natureza —, otimiza a comunicação entre as áreas, repercutindo no aumento da eficiência e na satisfação final do cliente.

Como já dissemos neste livro, antes de dar início a essa transformação digital, a empresa deve mapear seus processos existentes. É essencial desenhar o workflow dc todas as atividades, mesmo que sejam ineficientes, para obter uma visão clara de como as coisas são feitas.

Cabe ressaltar que, ao passar por essa adequação, o workflow pode ser continuamente modificado e melhorado, uma vez que se trata de um trabalho contínuo de desenho e aprimoramento, afinal, a busca pela eficiência não tem fim.

A partir desse entendimento, a empresa pode, com o auxílio de profissionais especialistas em tecnologia, gestão e processos, avaliar a possibilidade de automatizar processos repetitivos, liberando as pessoas que antes eram responsáveis por essas atividades para áreas mais estratégicas, nas quais sua expertise e atenção sejam mais necessárias.

Existem várias plataformas disponíveis que permitem criar o próprio workflow de acordo com os processos específicos da empresa. Tais soluções integram as áreas — como produção, logística, vendas e qualidade — de maneira que todas possam visualizar as informações em tempo real.

Essa abordagem proporciona uma visão macro do que está acontecendo na organização, permitindo mensurar o tempo gasto em cada processo, identificar os responsáveis pelas atualizações e melhorar a comunicação. Com isso, é possível identificar gargalos e oportunidades, tornando a empresa mais eficiente e ágil em suas operações.

SEGURANÇA E **EFICIÊNCIA** PARA EMPRESAS DE **LOGÍSTICA**

Nas indústrias, em geral, esse tipo de pensamento vem sendo adotado para resolver antigos desafios enfrentados pelos empreendedores. Se pensarmos no setor de logística, por exemplo, o qual culmina com a entrega dos produtos aos clientes finais, a tecnologia, por meio da Internet das Coisas (IoT), trouxe diversas soluções para rastrear as cargas, que agora podem ser monitoradas em diferentes graus de segurança.

Com o uso de dispositivos simples, as fábricas conseguem rastrear a entrega do início ao fim do processo, o que resulta em uma grande redução dos prejuízos antes amargados com a perda e roubo das cargas.

Uma história interessante que ilustra o poder dessa tecnologia é a de um caminhoneiro de uma transportadora que se disse vítima de um roubo. O rastreador instalado no caminhão foi danificado, mas havia um rastreador também na carga. O motorista relatou o ocorrido, informando que a carga estava sendo levada para um depósito específico quando ocorreu o roubo, mas não imaginava que havia um segundo rastreador.

Com a rápida comunicação da empresa às autoridades e à seguradora, a polícia agiu imediatamente: descobriu que o motorista também estava envolvido no esquema e desmantelou o crime organizado.

Além da segurança, esses rastreadores podem ser utilizados para otimizar a logística e aumentar a eficiência das operações. Ao monitorar em tempo real a localização das cargas, é possível determinar o tempo que cada motorista leva para percorrer determinado trajeto, apontando ajustes e melhorias no processo.

Outro caso impressionante desse uso de tecnologia é a Amazon, gigante do varejo eletrônico. Com um sistema robusto e integrado de logística, a empresa consegue, nos Estados Unidos, realizar a entrega de produtos no mesmo dia da compra no site, dependendo da localização do endereço e sua distância do centro de distribuição mais próximo.

Quando o cliente faz um pedido, todo o sistema já determina as opções disponíveis para envio: se a compra for realizada nas próximas 5 horas, a entrega segue no mesmo dia; se for realizada depois desse horário, o prazo aumenta para o dia seguinte.

O transporte dessas remessas ocorre por meio de vans, sem o uso de grandes caminhões, o que torna as viagens mais rápidas e controladas pela equipe de logística da empresa, que sabe exatamente quantas encomendas chegam diariamente para aquela região e quanto tempo leva para cada veículo retornar e iniciar outra rota.

A maior parte dessa operação não utiliza atividade manual e se baseia em informações geradas por inteligência artificial e análise de dados. Robôs instalados nos centros de distribuição recebem a ordem do sistema, selecionam os produtos indicados e depositam os itens na esteira, dando o comando para a etapa seguinte.

Tudo é integrado, desde os centros de distribuição até as vans. Esse sistema, claro, nem sempre foi assim. A Amazon investiu alto em tecnologia ao longo de décadas, aprimorando e refinando seus processos para chegar a esse nível de eficiência que se tornou modelo a ser perseguido em todo o mundo.

MAIS **INTEGRAÇÃO** E INTERDEPENDÊNCIA

Vamos agora analisar o funcionamento de uma empresa prestadora de serviços e como essa visão sistêmica baseada em tecnologia pode impactar positivamente os processos internos. Para ilustrar, vamos considerar uma pequena editora de livros, cujo trabalho consiste na publicação de livros.

Os processos de publicação de livros envolvem desde a revisão de língua portuguesa e diagramação até a criação da arte de capa, a impressão e a comercialização nas livrarias.

Os autores-clientes, em sua maioria iniciantes nesse mercado, frequentemente se perdem nesse fluxo e muitas vezes não conseguem compreender em que fase está o livro, quais são os progressos e as próximas etapas. Apesar de todas as atualizações serem registradas pela editora por e-mail, falta uma melhor organização desses processos, o que acaba resultando em perda de tempo e retrabalho.

Como usar a tecnologia, portanto, para resolver esses problemas de atendimento ao cliente, garantindo o compartilhamento do status do processo de produção do livro em tempo real e assegurando que toda a equipe envolvida nas tarefas saiba exatamente o que e quando fazer?

O passo inicial, obviamente, é mapear todos os processos envolvidos em cada etapa da operação, as pessoas envolvidas e os gaps que impactam a produtividade. A partir dessas informações, uma solução possível seria adotar uma plataforma de gestão de projetos para sincronizar essas tarefas entre a equipe, com compartilhamento do status para os clientes. Um aplicativo como o Trello, por exemplo, cumpre bem esse papel.

Com essa ferramenta, o líder da editora monitora atividades internas, feedbacks necessários dos autores a respeito de cada entrega, prazos, entre outros. Por exemplo, sem que a revisão de português termine no prazo de um mês, não há como a diagramação do miolo ser realizada. São processos que dependem um do outro.

Ao utilizar a tecnologia correta, os clientes dessa consultoria teriam fácil acesso às informações atualizadas, evitando a necessidade de fazer perguntas repetidas sobre o andamento do projeto. Isso resultaria em uma experiência mais satisfatória para todos, mais agilidade na entrega e mais qualidade no produto final.

INTERNET DAS COISAS

A exemplo da aplicação no setor de transporte das indústrias, que mencionamos no início deste capítulo, a Internet das Coisas (IoT) tem trazido soluções simples e interessantes para melhorar o desempenho das empresas em suas operações, produção e logística. A seguir, abordaremos brevemente alguns casos que podem servir de inspiração para negócios de diferentes naturezas.

Pequenas fábricas produtoras de mel estão utilizando dispositivos nas entradas das colmeias para contabilizar quantas vezes as abelhas saem e retornam. Com base nesses dados, é possível avaliar a eficiência da produção de mel e monitorar o peso da colmeia para identificar possíveis problemas, como migração ou condições climáticas desfavoráveis.

Empresas que necessitam de um controle eficiente de temperatura também podem se beneficiar do uso da IoT para aprimorar sua eficiência energética. Isso é possível com o uso de termômetros e medidores de umidade, que podem ser colocados em pontos estratégicos de um frigorífico, por exemplo, para checar se a temperatura está adequada e fazer ajustes automáticos.

Caso ocorra uma falha de energia no frigorífico, um dispositivo conectado ao telefone pode acionar um gerador automaticamente para evitar problemas com a temperatura, evitando perdas de carga valiosa.

Com esse tipo de automação, qualquer fábrica pode verificar os horários em que a energia é mais barata e programar as operações mais robustas para ocorrerem nesses momentos, reduzindo os custos. Além disso, existem dispositivos que checam se uma máquina está consumindo mais energia do que o esperado, o que pode indicar um problema estrutural.

Já em negócios agrícolas, a IoT pode atuar no sistema de irrigação das fazendas, indicando a necessidade de água nas plantações. Além disso, drones podem ser utilizados para fazer a aplicação precisa de agrotóxicos ou realizar a irrigação em locais específicos. Tudo isso é mapeado com GPS, proporcionando maior eficiência e precisão.

Em resumo, a Internet das Coisas oferece inúmeras oportunidades em diversas áreas, como energia, sustentabilidade, saúde, logística, casas inteligentes e cidades inteligentes. Sua principal vantagem está na criação de soluções simples, inteligentes e eficientes, capazes de melhorar processos, transformar a maneira como vivemos e trabalhamos, e gerar economia de recursos. E para gerir esses recursos, a tecnologia também pode ser uma grande aliada, como veremos a seguir nos capítulos sobre oportunidades de digitalização para a gestão das finanças.

Este capítulo explora como a tecnologia aprimora operações, produção e logística empresarial, destacando a importância da integração entre departamentos para evitar ineficiências. Ilustramos com exemplos de modernização em empresas e a aplicação da Internet das Coisas (IoT) em setores como agricultura e manufatura, mostrando como a tecnologia reduz custos e acelera processos. Enfatizamos que a tecnologia é fundamental para conectar e melhorar a eficiência dos processos, aumentando a competitividade no mercado global.

Continue seu aprendizado online.

14

CAPÍTULO **14**

COMO USAR A **TECNOLOGIA** PARA GERIR **MELHOR** AS **FINANÇAS**

COMO USAR A **TECNOLOGIA** PARA GERIR **MELHOR** AS **FINANÇAS**

14

Em praticamente todos os capítulos deste livro, você leu — e ainda vai ler, porque essa é uma tecla na qual batemos fervorosamente — sobre os quatro passos primordiais a serem realizados antes de implementar ou intensificar a transformação digital na sua empresa:

1. Criar processos;
2. Analisar processos;
3. Simplificar processos;
4. Automatizar processos.

Não dá para falar em tecnologia antes que esses pontos tenham sido vistos e revistos com transparência e coragem. Essa regra também se aplica às finanças. Durante toda a nossa trajetória na área de negócios, observamos que a falta de processos consistentes prejudica o controle financeiro, algo básico para qualquer empresa.

Ao mapear todos os processos dessa área e entender como as reconciliações e processamentos são realizados atualmente, é importante fazer duas perguntas: como esses fluxos ajudam a empresa a gerar receita e o que pode ser feito para melhorar o controle financeiro, pois cada real gasto conta e muitas vezes há espaço para enxugar despesas.

Um dos erros mais primários (e comuns) nesse aspecto pode soar familiar para você: a dificuldade dos empreendedores, sobretudo os proprietários de pequenos negócios, de separar o CPF do CNPJ, misturando contas pessoais com as da empresa, como pagar despesas domésticas com o cartão de crédito corporativo, por exemplo. Isso ocorre porque não há um processo consolidado de administração dos recursos, que acabam sendo utilizados de modo desatrelado das ações estratégicas — e, quase sempre, ineficientes.

Se essa é sua realidade e você almeja crescer seus negócios, essa questão deve ser resolvida imediata e definitivamente. E não é necessário desenvolver nenhuma nova tecnologia para isso; basta utilizar as soluções financeiras já existentes que permitem facilmente criar uma conta corrente para a empresa e outra para uso pessoal, operando de maneira vinculadas, mas não interdependentes.

Outro erro bastante corriqueiro está relacionado à ausência de uma cultura de planejamento financeiro. Empresas grandes e bem estruturadas costumam ter um orçamento definido e baseado em suas experiências e análises de dados de anos anteriores. Cada área da organização sabe, com clareza, quanto está gerando em receita e margem de lucro, e quanto desse valor será investido em outras áreas.

É essencial para qualquer empresa que busca expansão e sustentabilidade, portanto, projetar seus orçamentos para cada setor de negócios, detalhando metas e estratégias para o próximo ano fiscal, como destinar 10% do orçamento para o setor de marketing e 20% para tecnologia.

Para tomar essas decisões de forma mais assertiva, a tecnologia pode ser uma grande aliada, com diversas ferramentas disponíveis no mercado, a exemplo do QuickBooks, software que está em alta em todo o mundo por possibilitar, de modo simples e objetivo, a integração de todos os dados financeiros de uma organização.

O sistema conecta as informações geradas pelos diferentes departamentos e atrela esses dados às contas e cartões corporativos, classificando todos os custos gerados pela empresa automaticamente, de acordo com sua natureza. Isso facilita saber, por exemplo, quanto é gasto em material de escritório, viagens, transporte, limpeza, ações jurídicas e outras despesas, fornecendo subsídios importantes para a tomada de decisões estratégicas, melhor alocação dos recursos e gestão mais eficiente do orçamento.

Considere o seguinte cenário: suponha que você seja responsável pelo setor de tecnologia da informação em uma empresa com um orçamento anual de R$ 500 mil destinado a hardware, software e outros investimentos. Seu papel é controlar esses recursos, utilizando-os em projetos específicos da área com elevado potencial de melhorar resultados para sua empresa. Ao fim de um período pré-definido, você terá que prestar contas desse dinheiro e apontar o que gerou de caixa e lucro para a organização.

Talvez você tenha imaginado que esse tipo de situação só se aplica para as grandes multinacionais, mas não se engane: ter uma cultura de planejamento e atuar com base em um orçamento estratégico pode (e deve) ser uma prática de qualquer empreendimento, independentemente do seu tamanho. Uma grande empresa pode alocar 20% do seu orçamento em determinada área, enquanto uma pequena pode reservar também 20%; embora os valores absolutos mudem, o princípio é o mesmo.

APRENDA A SEPARAR

Para ilustrar a importância desse tipo de controle financeiro, vamos compartilhar o caso de uma agência de publicidade, cujo principal negócio é organizar ações de relacionamento e marketing para grandes empresas, realizando viagens e atividades para seus clientes interagirem com outras marcas e empresas.

Recentemente, eles levaram um grupo de médicos para a Ásia, onde foram conhecer novas técnicas de uma multinacional de saúde, o que envolveu despesas de hotel, passagens aéreas, transfer e restaurantes.

Mesmo sendo um pequeno escritório com apenas 15 funcionários, o proprietário tinha dificuldades de controlar o fluxo de caixa, pois misturava o dinheiro corporativo com seus recursos pessoais e ele próprio não sabia quanto dinheiro era gasto com o quê.

Essa falta de processos tornava difícil rastrear precisamente os gastos realizados com transporte, acomodação e alimentação, além de inibir uma visão clara da margem líquida e bruta da agência. Também havia uma confusão no uso do cartão de crédito internacional do proprietário com o da pessoa jurídica.

O maior erro dessa empresa acabou ocorrendo naquilo que há de mais básico quando não há um controle financeiro, seja pessoal ou jurídico, resultando no velho "o dinheiro que saia era sempre maior do que o dinheiro que entrava".

Como já dissemos, esse cenário é muito comum e afeta não apenas empreendedores como também profissionais liberais que, por terem alta capacidade de gerar renda e péssima habilidade financeira, confundem CPF com CNPJ, perdem a mão nos gastos e terminam no vermelho no fim do mês.

Quando isso ocorre, a tecnologia pode ser um caminho para reequilibrar as contas e voltar a crescer com perspectiva e sustentabilidade. Antes de sair contratando um aplicativo de finanças famoso no mercado, porém, você, na posição de empreendedor ou gestor, precisa dar um passo para trás e, antes de tudo, reconhecer sua necessidade de obter maior controle sobre o fluxo de caixa da sua empresa e estar disposto a buscar ajuda profissional para implementar uma transformação tecnológica.

Essa jornada deve ser um trabalho conjunto e multidisciplinar, envolvendo, principalmente, o contador da empresa — que pode fornecer informações valiosas sobre os lucros fiscais e reais —, mas não deve ser limitado a ele. É preciso contar ainda com a orientação de um consultor financeiro experiente e habilitado para auxiliar na reconciliação de dados e fornecer análises precisas para a liderança.

As atividades dessa equipe devem começar pelo entendimento amplo a respeito do caixa da empresa, após um levantamento detalhado de todas as entradas e saídas de dinheiro. Isso pode ser feito com uma planilha básica, como muitos ainda fazem, ou com a utilização de softwares específicos que facilitem a importação de dados financeiros dos bancos e entreguem uma análise dos números.

O objetivo desse mergulho é mostrar à liderança o tamanho do problema — se o fluxo de caixa for negativo, por exemplo — e onde há espaço para melhorar resultados, seja reduzindo custos, otimizando prazos de pagamentos e recebimentos, como contas a receber e a pagar, ou até mesmo identificando um problema ainda muito frequente no universo dos negócios: o desvio de dinheiro.

Infelizmente, não são raros os casos de profissionais desonestos que têm acesso irrestrito às finanças da empresa e se aproveitam dessa condição para cometer atos ilícitos. Ao utilizar um sistema de gestão, o empreendedor pode estabelecer controles mais rigorosos com níveis de aprovação variados, desde pagamentos e transferências até transações internacionais mais complexas.

Cabe reforçar, portanto, a importância de o empreendedor conhecer os processos financeiros da sua empresa e não delegar 100% desse controle a ninguém. Afinal, se a área de vendas costuma ser o coração de um negócio, o setor de finanças é o cérebro, que comanda todo o fluxo de dinheiro da empresa.

> SE A ÁREA DE VENDAS COSTUMA SER O CORAÇÃO DE UM NEGÓCIO, O SETOR DE FINANÇAS É O CÉREBRO, QUE COMANDA TODO O FLUXO DE DINHEIRO DA EMPRESA.

Desse modo, ainda que existam pessoas designadas para lidar com o financeiro e cumprir as funções de administrador, o empreendedor ou o presidente deve ser a autoridade máxima para controlar os principais processos da empresa, incluindo finanças, compliance, tecnologia, marketing e todas as outras áreas.

Sistemas como o QuickBooks, como mencionamos antes, facilitam esse controle, permitindo que você seja o dono da conta e distribua acessos de gestão para profissionais específicos. Além disso, a ferramenta oferece a funcionalidade de aprovação de workflows, nos quais você pode estabelecer regras, como a aprovação de gastos acima de determinado valor, o que proporciona um acompanhamento mais rígido.

FUJA DA SPIDERWEB

Muitos empreendedores nos perguntam se precisam utilizar diversas ferramentas tecnológicas para controlar cada área da empresa ou se existem sistemas acessíveis que integrem todas essas funções, como vendas, finanças, produção e logística.

Essa dúvida faz sentido, pois no mercado de tecnologia, várias empresas oferecem soluções segmentadas, pegando subprocessos e pedaços de processos para atuar sobre eles. O problema é que se você começar a adquirir várias soluções separadas, acabará com um monte de ferramentas diferentes e poderá criar o que chamamos de "teia de aranha" (spiderweb) formada por várias tecnologias desintegradas

— o que, além de não resolver suas dores, certamente trará mais custos e frustrações.

> **A INTEGRAÇÃO DOS PROCESSOS EM UMA ÚNICA SOLUÇÃO PROPORCIONA MAIOR CONTROLE E TRANSPARÊNCIA EM TODOS OS SETORES DA EMPRESA.**

Para evitar essa abordagem fragmentada, você deve buscar tecnologias que integrem os processos já mapeados no início da sua jornada de transformação digital. Ao fazer isso, você terá um sistema mais coeso e eficiente, evitando redundâncias e dificuldades na gestão das diferentes ferramentas.

A integração dos processos em uma única solução proporciona maior controle e transparência em todos os setores da empresa. Outra forma de integração é fazer o upload de um processo manual, como uma análise em Excel, em uma ferramenta que o atualize automaticamente e mapeie todo o procedimento. Nesse contexto, a inteligência artificial pode ser aplicada para automatizar e otimizar esses processos, tornando-os mais eficientes.

A área de Finanças, aliás, pode ser considerada como uma das que mais se beneficia com a aplicação da inteligência artificial, pois os dados geralmente fluem nos mesmos tubos de conexões, tornando-a mais fácil de ser automatizada. No próximo capítulo, vamos nos aprofundar nessa questão e mostrar como a IA pode ser utilizada para tornar sua empresa mais competitiva e eficiente no mercado.

Neste capítulo, abordamos a importância da gestão financeira eficaz e o papel da tecnologia em simplificar esse processo vital. Destacamos a separação entre finanças pessoais e empresariais e a implementação de um planejamento financeiro estratégico. Discutimos como softwares financeiros automatizam a classificação de custos e auxiliam na tomada de decisões. Enfatizamos a necessidade de processos claros e revisões contínuas para otimizar custos e recursos, mostrando como a tecnologia pode transformar a gestão financeira e alinhar-se aos objetivos da empresa.

Continue seu aprendizado online.

CAPÍTULO **15**

PRINCIPAIS USOS DA **INTELIGÊNCIA ARTIFICIAL** PARA TORNAR SUA **EMPRESA** MAIS EFICIENTE E **COMPETITIVA** NO **MERCADO**

PRINCIPAIS USOS DA **INTELIGÊNCIA ARTIFICIAL** PARA TORNAR SUA **EMPRESA** MAIS EFICIENTE E **COMPETITIVA** NO **MERCADO**

15

No capítulo sete deste livro, explicamos que a Inteligência Artificial (IA), um termo que ganhou muita força nos últimos anos, é, na verdade, um conjunto de várias tecnologias que aceleram e expandem a capacidade humana por meio de máquinas e computadores.

Na prática, significa dizer que a IA "imita" o cérebro humano, reproduzindo nossas habilidades de pensar e agir a partir de uma espécie de "tradução" dos nossos sentidos, como fala, escuta e visão.

O que não explicamos em detalhes é o que esse tipo de inteligência pode fazer por sua empresa na vida real, sem que seja necessário investir muito dinheiro ou transformar seu empreendimento em um cenário de filme de ficção científica. É sobre isso que vamos falar neste capítulo.

Para começar, imagine que você é sócio de um escritório de advocacia que precisa processar, todos os meses, centenas de casos de recuperação de crédito. Nessa rotina, você e sua equipe provavelmente estão habituados a receber grandes lotes de processos para analisar, um a um, milhares de números de CNPJs e CPFs na busca por identificar credores e devedores envolvidos nas questões.

> **“IA “IMITA” O CÉREBRO HUMANO, REPRODUZINDO NOSSAS HABILIDADES DE PENSAR E AGIR A PARTIR DE UMA ESPÉCIE DE “TRADUÇÃO” DOS NOSSOS SENTIDOS, COMO FALA, ESCUTA E VISÃO.”**

Essa atividade envolve inúmeras etapas manuais, como identificar o tipo de processo, realizar uma triagem dos papéis, ler contratos e definir o melhor caminho para cada caso antes de começar a executar as ações e chegar a algum tipo de acordo. Tudo isso, claro, leva tempo e demanda bastante mão de obra especializada. Mas e se você pudesse reduzir esses processos com o uso de inteligência artificial? Acredite, hoje isso já é uma realidade.

Por meio de um sistema de IA, como o IBM Watson ou o Google Cloud AutoML, você pode, em uma plataforma baseada em machine learning, treinar a inteligência artificial para aprender padrões e, assim, ensiná-la a separar os tipos de processos rapidamente. Com essa parte criativa da atividade sendo deslocada para a máquina, você evita intervenções manuais desnecessárias e libera a equipe de advogados para entrar em cena somente quando sua presença for extremamente necessária. Essa abordagem agiliza o processo como um todo e permite que os profissionais concentrem seu conhecimento em etapas mais estratégicas do trabalho. Experimente utilizar o IBM Watson ou o Google Cloud AutoML e veja como essas ferramentas podem transformar sua rotina jurídica!

Esse tipo de “treinamento da máquina” também pode ser aplicado em outras vertentes da área jurídica. Você pode, por exemplo, alimentar de informações o ChatGPT — sistema de IA que já mencionamos anteriormente e é facilmente acessado pela internet —, ajudando-o a emular seu jeito de escrita. Desse modo, ao solicitar que o robô sugira uma defesa de alguma causa na qual você está trabalhando, o texto se aproxima do seu estilo a ponto de lhe fazer pensar: "Eu poderia ter escrito exatamente assim".

Apesar de ser uma plataforma relativamente nova, o ChatGPT já possui diversos GPTs disponíveis (são prompts personalizados), que podem ser úteis para diferentes contextos. Uma das funcionalidades mais simples e úteis é a pesquisa de conteúdo para criação de posts para as redes sociais. Seu único trabalho é criar um bom prompt, ou seja, informar o assunto desejado, dar detalhes sobre o seu negócio e executar o comando para buscar informações relevantes sobre o tema.

PROMPT

Esse recurso pode funcionar como um trunfo para obter rapidamente uma variedade de ideias e fontes sobre algo, o que levaria muito mais tempo para ser executado manualmente, dada a quantidade de dados disponíveis na rede. Além disso, a partir desses resultados, você pode utilizar uma solução como o Canva, que também possui Inteligência Artificial, para criar imagens e montar um calendário editorial completo para divulgar sua marca ou produtos.

A grande vantagem para quem utiliza esse tipo de estratégia digital nos negócios é uma redução significativa do tempo gasto em tarefas rotineiras e operacionais, resultando em mais espaço na agenda para ocupar com assuntos que a IA não faz sozinha.

Vale ressaltar, no entanto, que mais importante do que conhecer todas essas possibilidades — e entrar numa luta impossível para estar sempre atualizado com todas as novidades do mercado da IA —, é fundamental não ter medo de experimentar as ferramentas a partir do que elas têm de mais básico. Para isso, basta se comportar como um usuário ativo e começar fazendo perguntas simples até evoluir para uma utilização mais complexa.

Como dissemos lá no início do livro, muitas pessoas ainda deixam de usufruir do potencial desse tipo de solução porque não se sentem familiarizadas com a área de tecnologia e acreditam que essa é uma possibilidade restrita a um grupo de especialistas.

Por conta desse pensamento, esses indivíduos não tentam sequer conhecer um pouco mais do universo da IA, ignorando que não precisam se aprofundar em treinamentos, programação ou criação de modelos complexos. Afinal, soluções como o ChatGPT foram projetadas para serem acessíveis a usuários de diferentes níveis de conhecimento e adaptáveis a qualquer tipo de negócio.

ADOTE UM MENTOR **VIRTUAL**

Como você já está acostumado, este é o instante em que trazemos um caso prático de aplicabilidade da solução tecnológica para ilustrar o que ela é capaz de entregar. Agora vamos falar de Gerson, dono de uma tradicional oficina mecânica que tem vontade e disposição para trazer mais tecnologia ao seu negócio e acredita que essa estratégia tem um grande potencial para dar certo, embora ele não saiba exatamente por onde começar.

Nosso conselho para o Gerson: faça da Inteligência Artificial sua mentora nesse processo. Como? Há diversas possibilidades! Vamos nos debruçar sobre algumas.

Em primeiro lugar, Gerson pode baixar o ChatGPT em seu telefone e começar a interagir com o robô, que opera sob o mecanismo da chamada "inteligência contextual", ou seja, a IA busca entender o contexto da conversa com o usuário, de modo a "compreender" seus interesses, hábitos e sentidos.

Para começar a conversa, Gerson pode se apresentar como o dono de uma oficina mecânica que está há 15 anos no mercado, mas não tem visto muitas perspectivas de crescimento. Ele então relata os processos internos da oficina, os principais desafios enfrentados, o perfil de seus clientes e a força da concorrência.

Todos esses dados são registrados e processados pela inteligência do ChatGPT, que junta essas informações com outras existentes na internet e cria internamente o contexto desse empreendedor e sua empresa. A partir daí, o objetivo de um bom usuário da inteligência artificial deve ser fazer as perguntas mais pertinentes sobre os problemas, dores e sonhos em relação ao seu negócio atual, explorando a capacidade da IA de cruzar dados e realizar análises críticas.

Gerson pode escrever no ChatGPT, inclusive: "Você será meu mentor a partir daqui e preciso que me oriente a tomar as melhores decisões." Se desejar, o empreendedor pode até mesmo dar um nome ao assistente virtual, como "Marta", e designá-la como sua ajudante para melhorar sua oficina mecânica.

Faça como Gerson! Baixe o ChatGPT em seu telefone, apresente seu negócio e veja como a IA pode se tornar sua mentora virtual, ajudando você a tomar decisões mais informadas.

Esse tipo de interação, que a princípio pode parecer estranha, deve simular uma conversa com um ser humano. Isso significa que, se você for vago nos seus questionamentos, as respostas serão vagas. No entanto, se você conseguir fazer boas perguntas, que sejam específicas e focadas em seus desafios, você certamente sairá dessa experiência com mais conhecimento do que quando entrou, pois a IA proporcionará ótimas reflexões, ideias e até alguns possíveis caminhos de ação.

Para ilustrar esse pensamento, vamos considerar outro exemplo: uma padaria que enfrenta sobras de produção. Apesar de toda sua experiência acumulada ao longo de mais de dez anos, Francisco, o proprietário desse estabelecimento, enfrenta diariamente uma grande quantidade de pães que não são vendidos até o fim do expediente.

Essa situação acarreta perdas relevantes de dinheiro, seja em matéria-prima, mão de obra dos empregados ou energia, e Francisco está ansioso para obter uma solução definitiva. Pelos seus cálculos, considerando que o quilo de pão francês custa R$ 20 e cada unidade de 50g é vendida por R$ 1,40, o total de 500 pães que sobram quase todos os dias representa cerca de R$ 200 mil desperdiçados ao ano. Ele também sabe quais os dias da semana em que as vendas são menores e até mesmo os horários de maior e menor pico de clientes na loja.

Para resolver esse tipo de problema, Francisco decidiu acionar o ChatGPT e forneceu informações e detalhes precisos sobre seu negócio para criar um contexto capaz de ser compreendido pela inteligência artificial. Em seguida, ele passou a utilizar o aplicativo para encontrar soluções passíveis de serem implementadas em sua padaria.

A primeira pergunta que ele fez foi a mais óbvia: como posso evitar esse desperdício e transformar o excedente de produção em lucro? Ah! Antes que você levante essa possibilidade, já deixamos claro que Francisco não quer doar seus produtos para instituições de caridade ou algo do tipo.

A inteligência contextual, com base nas informações fornecidas pelo empreendedor, sugeriu várias soluções. Uma delas seria utilizar a sobra dos pães para criar outros produtos, como croutons, torradas e farinha. Também surgiu a ideia de fazer parcerias com restaurantes e criar um fluxo de fornecimento diário de pão para uso em entradas e couverts.

À medida que foi se sentindo mais confortável com o uso da IA, Francisco começou a pensar nas suas possibilidades e adotou o ChatGPT como uma espécie de mentor para lhe ajudar a fazer cálculos de produções, controle de estoque e outras funcionalidades.

Você também enfrenta desafios como Francisco? Use o ChatGPT para explorar soluções criativas e transforme seus excedentes de produção em novas oportunidades de lucro.

Cabe destacar, porém, que ao trazer a IA para seu negócio, é fundamental manter uma postura aberta, cautelosa e crítica. Para usufruir das vantagens dessa tecnologia, você precisa, em primeiro lugar, olhar para seu cenário individualmente e saber aonde está indo.

Na prática, essa experiência funciona como usar um aplicativo de GPS: se você simplesmente buscar um endereço que nunca ouviu falar e seguir por ele, pode cair em armadilhas no caminho, como entrar em uma área violenta da cidade. Entretanto, se você conhece seu destino e precisa apenas de um auxílio para escapar das rotas mais congestionadas, a IA diminui seu esforço e ajuda você a chegar mais rápido onde deseja.

É importante que as empresas percebam que precisam estar à frente desse cenário e utilizar a tecnologia em seu favor, mas com cautela. O ChatGPT pode, sim, atuar como um mentor para os negócios, porém nunca como um guru inquestionável. Afinal, se um mentor (da vida real) lhe oferecer conselhos que não estão alinhados

> AO UTILIZAR A IA PARA NEGÓCIOS, AS EMPRESAS DEVEM ESTAR ATENTAS E TER SEU PRÓPRIO SENSO CRÍTICO. NÃO É NECESSÁRIO TEMER A TECNOLOGIA, MAS É IMPRESCINDÍVEL UTILIZÁ-LA COM RESPONSABILIDADE E ÉTICA.

com a ética ou os valores da sua empresa, é crucial rejeitá-los e fazer a devida filtragem das informações.

A mensagem central que queremos deixar aqui, portanto, é que, ao utilizar a IA para negócios, as empresas devem estar atentas e ter seu próprio senso crítico. Não é necessário temer a tecnologia, mas é imprescindível utilizá-la com responsabilidade e ética.

Agora, acesse abaixo para conhecer algumas das principais IAs. Elas muito podem contribuir para melhorar a eficiência e a competitividade de sua empresa no mercado.

Dependendo de quando você estiver lendo este livro, essas inteligências artificiais podem ter evoluído ou novas e melhores ferramentas podem ter surgido. Lembre-se, tecnologia é uma ferramenta; o essencial é ter curiosidade para aprender novas soluções e saber como utilizá-las da melhor forma para atender às necessidades da sua empresa. A melhor maneira de se manter atualizado sobre as melhores ferramentas é explorar constantemente e aprender de forma prática e divertida.

> **A MELHOR MANEIRA DE SE MANTER ATUALIZADO SOBRE AS MELHORES FERRAMENTAS É EXPLORAR CONSTANTEMENTE E APRENDER DE FORMA PRÁTICA E DIVERTIDA.**

A inteligência artificial, assim como a eletricidade em sua época, é uma força transformadora que, por si só, não realiza tarefas específicas. Ambas as tecnologias requerem a criação de ferramentas e aplicações práticas para manifestar seu potencial revolucionário. Enquanto a eletricidade necessita de dispositivos como lâmpadas e motores, a IA depende de softwares e interfaces para se tornar útil. A verdadeira revolução ocorre quando essas tecnologias são aplicadas de formas inovadoras, transformando mercados inteiros e melhorando vidas. À medida que as ferramentas se tornam mais acessíveis e intuitivas, tanto a eletricidade quanto a IA se integram cada vez mais em nosso cotidiano, impulsionando o progresso e redefinindo os limites do possível.

No próximo capítulo, conversaremos sobre se vale a pena a contratação de consultores para ajudar na transformação digital de sua empresa.

Neste capítulo, discutimos como a Inteligência Artificial (IA) melhora a eficiência e competitividade das empresas. Exemplificamos o uso da IA para automatizar tarefas repetitivas, economizar tempo e auxiliar na tomada de decisões. Destacamos ferramentas como IBM Watson, Google Cloud AutoML e ChatGPT, que permitem acelerar operações, personalizar o atendimento ao cliente e aprimorar a gestão de conteúdos. Introduzimos a ideia de IA como mentora virtual, oferecendo soluções para desafios de negócios. Ressaltamos a importância de usar a IA de forma responsável e proativa para se manter na vanguarda tecnológica e maximizar os benefícios empresariais.

Continue seu aprendizado online.

CAPÍTULO **16**

VALE A **PENA** CONTRATAR **CONSULTORES** PARA **APOIAR** A SUA JORNADA DE **DIGITALIZAÇÃO?**

VALE A **PENA** CONTRATAR **CONSULTORES** PARA **APOIAR** A SUA JORNADA DE **DIGITALIZAÇÃO?**

16

Não temos dúvida de que, ao chegar aqui, você já se convenceu de que a transformação digital é um caminho sem volta. Se sua empresa ainda não deu o primeiro passo, esse start não pode demorar muito. Talvez a grande questão que surja no seu pensamento agora seja: "Diante de tantas possibilidades disponíveis na internet e da variedade do universo de novas ferramentas tecnológicas ao alcance de qualquer pessoa, eu realmente preciso contratar um consultor para me auxiliar nessa jornada? Esse investimento vale a pena ou é algo que eu consigo conduzir sozinho com minha equipe?".

Antes de responder a essa pergunta, vamos dar um passo atrás e refletir sobre a definição do que é um consultor. Segundo o dicionário, consultor é "aquele que responde a consultas; que dá pareceres." A partir dessa definição, podemos presumir que se trata de um profissional que possui as respostas apropriadas para determinadas dúvidas ou que fornece aprovação sobre algo.

Na prática, porém, o papel do consultor (ou de uma empresa de consultoria) vai além. Sua função é atuar de maneira independente da empresa contratante, seja para avaliar cenários, revisar processos, apontar pontos de melhoria, definir estratégias ou auxiliar na implementação das melhores práticas do segmento em questão, entre outras possibilidades.

E por que os consultores são capazes disso? Se pudéssemos resumir em poucas palavras, diríamos que, por terem, em sua grande maioria, atuado em diferentes organizações (inclusive em concorrentes!), eles podem transformar esse conhecimento e experiência adquiridos em frameworks e replicá-los em outros players. Essa experiência prévia acelera consideravelmente qualquer projeto de melhoria, pois evita a procura interminável por soluções para problemas e situações que já foram enfrentados por outras empresas em outros contextos.

Além disso, um consultor ou empresa de consultoria está constantemente se atualizando com as novidades do mercado, o que enriquece sua compreensão e as abordagens para ultrapassar os desafios e aproveitar oportunidades que surgirem. Ter acesso a esse movimento ajuda as empresas a se manterem em sintonia com as práticas de excelência em seu segmento, contribuindo para alcançar os resultados pretendidos e elevar a expertise da equipe.

Proprietários e gestores de empresas frequentemente se encontram ocupados em desempenhar diversos papéis e a lidar com várias tarefas ao mesmo tempo, agindo como uma espécie de "senhores de tudo". No entanto, chega um momento em que eles reconhecem a necessidade de organizar e expandir os negócios, e isso requer conhecimentos e habilidades específicos que não possuem.

Nesse contexto, um consultor se torna uma figura valiosa, não apenas por planejar e implementar o trabalho necessário, mas também por compartilhar conhecimento e experiências para que a empresa se torne autossuficiente. Como o ditado popular diz, essa atuação é comparável a "ensinar a pescar", já que consultores não têm (ou não devem ter!) interesse em criar uma relação de dependência com seus clientes.

Podemos até afirmar que a realidade é o oposto disso: o consultor trabalha para que o projeto e a empresa cresçam além dele próprio, de modo a se tornarem autônomos após a conclusão da parceria.

QUANDO **CONTRATAR** UM SERVIÇO DE **CONSULTORIA?**

Em geral, a luz acende para a necessidade de contratação de uma consultoria quando a empresa se encontra diante de um novo desafio ou projeto e carece de experiência, recursos, competências ou habilidades internas necessárias. Isso também se aplica quando o empreendedor percebe que atingiu um estado de estagnação, requerendo a revitalização dos seus negócios e a exploração de diferentes mercados.

Nesse cenário, um consultor traz uma perspectiva arejada, inovadora e crítica, sendo alguém com uma visão externa capaz de propor soluções e linhas de trabalho para superar esse estágio de paralisação.

Outro indício de que é hora de considerar um consultor ocorre quando a organização está em fase de expansão e constata uma demanda crescente por tecnologia para aprimorar as operações.

Vamos usar um exemplo clássico: se seus concorrentes estão adotando tecnologias que tornam os processos mais produtivos e ágeis — resultando em uma redução de custos significativa e maior penetração no mercado —, e você segue operando de maneira analógica, certamente irá perceber, mais cedo ou mais tarde, que está ficando para trás. O papel de uma consultoria, portanto, é guiar sua empresa nessa transformação digital, capacitando seu time a permanecer relevante e eficiente em um mercado em constante evolução.

Neste ponto, retornamos a tudo o que discutimos nos capítulos anteriores sobre como deve ser o início dessa transformação digital: avaliar processos, entender as dores e experiências dos clientes de forma abrangente, (re)desenhar processos e buscar soluções tecnológicas que preencham as lacunas nas quais a automatização e outras melhorias são possíveis. Somente a partir daí, é possível explorar as possibilidades disponíveis no mercado e identificar as mais adequadas.

Optar por seguir esse caminho sem contar com ajuda especializada pode acarretar diversas tentativas de adoção de ferramentas que não produzirão resultados efetivos. Por outro lado, contratar consultores em tecnologia e gestão pode garantir um importante acompanhamento nas fases de planejamento e implementação, economizando recursos e tempo preciosos.

Ao iniciar o trabalho, o consultor contribui para a definição da estratégia, um pilar fundamental antes do desenvolvimento de qualquer projeto, pois significa traçar a direção que será seguida na execução. Para assegurar o equilíbrio entre essas duas etapas, um consultor estratégico entra em cena para orientar, fornecer diretrizes e ajudar a criar um escopo específico para projetos.

Ele auxilia na formação de equipes, combinando talentos internos com especializações externas e preenchendo a falta de conhecimento e habilidades. Um consultor estratégico também identifica áreas que exigem atenção imediata e concentra esforços nessas questões. Essencialmente, ele ajuda a canalizar os recursos da maneira mais eficaz possível, alinhando-se aos objetivos estratégicos.

Para ilustrar a atuação de um consultor estratégico, consideremos uma pequena empresa que mantém um controle muito precário de seus clientes, com informações soltas e desordenadas. Esse empreendimento está passando por um crescimento significativo em seu número de clientes e, por isso, o proprietário reconhece a necessidade de organizar e melhorar a gestão desse relacionamento. Ele avalia contratar um sistema de CRM, embora não exista ninguém na empresa com experiência prévia para operar a plataforma. Ciente dessa carência, ele resolve contratar os serviços de uma consultoria.

Ao chegar nessa empresa, o consultor irá identificar, mapear e analisar essas dores e oportunidades a fim de determinar se, de fato, o CRM é a solução mais adequada para o contexto. Até atingir essa conclusão, porém, será necessário revisar todos os processos vigentes e garantir que todos estejam compatíveis com o objetivo final da empresa. Esse é um momento crítico de entendimento, uma vez que colocar os processos no papel revela gargalos e falhas, obrigando a empresa a sair da inércia.

Nesse caso específico, suponhamos que a perda de controle sobre a base de clientes e a incapacidade de gerar indicadores confiáveis tenham ficado evidentes. As informações da empresa estão dispersas, armazenadas, em grande parte, nos celulares pessoais dos vendedores ou em planilhas dispersas em diferentes computadores.

A funcionária Bianca, por exemplo, conhecida por sua organização, mantém seus dados em seu notebook corporativo. Já Fábio gerencia seus contatos de vendas em seu aparelho de celular de uso pessoal. Além disso, temos o colaborador João, avesso às tecnologias, que prefere registrar os dados de sua carteira de clientes em uma agenda de papel.

Tal cenário representa um grande risco para o negócio, uma vez que a posse de todas essas informações está nas mãos dos funcionários, e não da própria empresa. O que se almeja, portanto, é recuperar esse controle, definindo um novo método de organização, que pode ser resolvido com a implementação de um CRM.

A partir desse ponto, o consultor elabora um planejamento com metas definidas para implementar a solução e estabelecer processos mais seguros de comunicação entre vendedores e clientes. O objetivo é garantir que, em caso de desligamento desses colaboradores, a propriedade dos contatos permaneça com a empresa.

A consolidação desse escopo não é apenas uma questão técnica, mas também baseada na experiência do consultor e nas conversas com o proprietário. Isso determina quanto tempo será necessário para uma implementação bem-sucedida de uma plataforma de CRM e o treinamento eficaz das equipes.

Após estabelecer esses requisitos, o próximo passo é selecionar algumas opções disponíveis no mercado. O ideal é começar testando pelo menos cinco plataformas e ir eliminando aquelas que não atendem à maioria dos critérios, como usabilidade, preço, suporte técnico e treinamento oferecido aos colaboradores. Ao criar esses indicadores mais específicos, o processo de decisão se tornará mais eficaz.

Sob a orientação do consultor para selecionar o CRM adequado, entramos na fase de implementação. Nesse ponto, estamos construindo um projeto com um planejamento detalhado, abrangendo todas as etapas. Por exemplo, na primeira fase, estabelecemos que iremos centralizar todas as informações na plataforma, usando a versão padrão. Isso implica migrar todos os dados provenientes de celulares, planilhas e outras fontes para o sistema.

Na segunda fase, planejamos integrar o CRM com o WhatsApp, permitindo que a comunicação via telefone também esteja vinculada à plataforma. Nesse estágio, podemos até considerar a distribuição de novos dispositivos celulares para os funcionários. Essa etapa ocorre em paralelo ao projeto de comunicação, no qual também estamos centralizando a telefonia.

Na terceira fase, é hora de testar o sistema na prática, lembrando que ajustes e modificações podem ser realizados conforme necessário. Isso garante que o projeto esteja se adaptando às demandas reais à medida que as operações são realizadas. É a fase do *onboarding*: centralização de dados. A chave aqui é assegurar que todos na empresa compreendam o que está acontecendo. Cabe ao consultor auxiliar no gerenciamento desse processo, reduzindo resistências à mudança e mantendo o foco nos resultados finais.

> **"O PAPEL DO CONSULTOR DEVE SEMPRE SER MARCADO POR HUMILDADE E CONSCIÊNCIA DE SEU LUGAR NA ORGANIZAÇÃO."**

ALINHANDO **EXPECTATIVAS** E REALIDADE

O papel do consultor deve sempre ser marcado por humildade e consciência de seu lugar na organização. Ele(a) não deve se sentir superior ao dono da empresa ou à própria empresa. Infelizmente, existem consultores que assumem uma postura desse tipo no mercado, entrando nas empresas e monopolizando informações importantes, como senhas de servidores e aspectos administrativos, criando uma espécie de dependência virtual.

É crucial que você, leitor, caso seja empreendedor ou gestor que esteja vivendo esse momento, escolha consultores transparentes e comunicativos sobre suas atividades, que se posicionem como alguém apto a orientar e compartilhar conhecimento, e não para assumir o controle da empresa.

A maneira mais segura para contratar um bom consultor ou consultoria é por meio de indicações de conhecidos ou colegas que já tenham tido essa experiência prévia. Vale conversar com essas pessoas, trocar impressões e checar se as entregas foram compatíveis com o que foi planejado.

> A MANEIRA MAIS SEGURA PARA CONTRATAR UM BOM CONSULTOR OU CONSULTORIA É POR MEIO DE INDICAÇÕES DE CONHECIDOS OU COLEGAS QUE JÁ TENHAM TIDO ESSA EXPERIÊNCIA PRÉVIA.

Esse cuidado visa evitar um dos problemas mais comuns na contratação de uma consultoria: a discrepância entre a expertise prometida durante a fase de vendas do serviço e a competência real que é entregue na implementação do projeto.

Outro alerta importante: se o contrato de consultoria apresentar muita complexidade e o processo de definição do escopo, valores e termos for confuso, repleto de termos incompreensíveis, seja cauteloso — especialmente se for a primeira vez que você está lidando com esse tipo de experiência.

Os contratos de consultoria devem ser simples, diretos e focados no essencial. Embora seja fundamental abordar todos os aspectos necessários à execução do trabalho sem intercorrências, é importante que o conteúdo seja acessível e sem as infinitas letras miúdas de rodapé.

Ao elaborar um contrato de consultoria, observe a clareza das entregas pretendidas e os riscos envolvidos. Embora advogados possam naturalmente focar em mitigar esses riscos, é essencial manter o contrato centrado na natureza do projeto em si. Ao mesmo tempo, algumas cláusulas podem ser adicionadas para lidar com eventuais problemas que possam surgir.

Antes de contratar uma consultoria, avalie também o histórico de execução e o portfólio de clientes que ela possui — e nunca se limite a analisar apenas uma única opção. Compare pelo menos três propostas diferentes de consultores.

Por fim, siga sempre sua intuição. Sentir-se desconfortável com o consultor desde o início é um sinal de alerta. A sensação de confiança e entendimento mútuo devem estar presentes em qualquer negociação ou transação, e não é diferente no caso da contratação de uma consultoria. Esta deve ser capaz de apresentar seu escopo do trabalho, as fases envolvidas e a timeline de entregas de maneira clara e objetiva.

> AO ELABORAR UM CONTRATO DE CONSULTORIA, OBSERVE A CLAREZA DAS ENTREGAS PRETENDIDAS E OS RISCOS ENVOLVIDOS.

Neste ponto, cabe destacar também a relevância de que alguém da empresa esteja presente e ativamente envolvido em todas as fases do projeto, compartilhando o controle administrativo e mantendo um acompanhamento constante. A responsabilidade pelo desenvolvimento do plano não deve recair exclusivamente sobre o consultor, mas ser dividida entre ambas as partes.

Talvez pareça óbvio dizer, porém precisamos reforçar aos empreendedores: uma consultoria não resolverá todos os seus problemas ou servirá como uma solução mágica. Apesar da capacidade do consultor de trazer expertise, orientação e conhecimento das melhores práticas, o sucesso de um projeto, sobretudo de transformação digital, está intrinsecamente ligado à colaboração entre a empresa e a consultoria, trabalhando em conjunto para alcançar os objetivos.

No próximo capítulo, falaremos sobre como você deve mensurar o sucesso da transformação digital de seu negócio.

Neste capítulo, exploramos a importância de contratar consultores para apoiar a digitalização empresarial. Discutimos como consultores fornecem perspectivas externas, aceleram a adoção de tecnologias e facilitam mudanças estratégicas. Eles são cruciais para avaliar cenários, definir estratégias e implementar melhores práticas. Enfatizamos que consultores oferecem um olhar imparcial e atualizado, essencial para empresas que carecem de expertise interna, buscam modernização ou enfrentam estagnação. Também abordamos a seleção de consultores, destacando a importância de escolher profissionais experientes e transparentes, capazes de impulsionar a autonomia empresarial sem criar dependência.

Continue seu aprendizado online.

CAPÍTULO **17**

COMO MENSURAR O **SUCESSO** DA **TRANSFORMAÇÃO DIGITAL** DO SEU **NEGÓCIO**

COMO MENSURAR O **SUCESSO** DA **TRANSFORMAÇÃO DIGITAL** DO SEU **NEGÓCIO**

17

"Você não pode gerenciar aquilo que não consegue mensurar". Todo empreendedor ou profissional que trabalha no mundo corporativo já deve ter ouvido ou lido essa frase em algum lugar. A popularização desse conceito não é à toa: especialistas em negócios de qualquer natureza sabem que ter acesso a dados gerenciais — e transformá-los em informações valiosas — é o único modo de avaliar se suas ações do presente estão compatíveis com suas expectativas para o futuro e, caso não estejam, alinhar suas rotas para chegar ao destino esperado. Sem esse conhecimento, acredite, você não conseguirá se manter competitivo no mercado.

Muitas empresas, principalmente as de menor porte, ainda resistem a essa prática e continuam conduzindo seus passos conforme as coisas acontecem, ignorando etapas relevantes de planejamento, definição de objetivos, medição de acertos e falhas no meio do percurso. Em síntese, focam apenas na operação e esquecem da estratégia.

Somente a partir de uma prática consistente de acompanhamento de resultados podemos medir nosso progresso. Para isso, algumas perguntas devem fazer parte da nossa rotina diária: quanto vendemos hoje? Quem é nosso principal público? Qual é a média do nosso ticket? Vendemos mais ou menos do que ontem? Visualizamos algum desvio do padrão?

> "VOCÊ NÃO PODE GERENCIAR AQUILO QUE NÃO CONSEGUE MENSURAR."

Ter uma noção desse cenário nos ajuda a entender onde estamos e aonde pretendemos chegar. Além disso, essa é uma maneira de mensurar as estratégias nas quais estamos investindo — como as inovações em tecnologia — e verificar se o que estamos implementando está gerando resultados satisfatórios.

No caso da transformação digital, digamos que o resultado desejado por sua empresa seja adquirir novos clientes e aprimorar o atendimento à carteira existente. Isso envolve soluções como adotar um CRM para ter um melhor controle dos contatos e desenvolver uma jornada de acompanhamento desse público. Ao seguir esse caminho, fica a pergunta: que critérios você usará para mensurar esses resultados?

Neste capítulo, vamos abordar algumas maneiras de medir o sucesso (ou não) de um planejamento voltado a implementar a cultura digital em uma empresa. Quaisquer que sejam os indicadores a serem acompanhados, no entanto, é preciso ter em mente que os objetivos aos quais estão atrelados devem ser sempre claros, pois a digitalização e a automação são meios para alcançar propósitos específicos.

Isso significa, por exemplo, determinar como meta não um mero "aumentar clientes", mas "alcançar 300 novos clientes até o fim do ano" ou "aumentar em 30% a carteira de clientes em seis meses".

No fim das contas, tudo se resume ao motivo pelo qual estamos mensurando. E ter métricas claras nos permite entender o comportamento dos clientes, otimizar processos, aprimorar a produtividade e oferecer um serviço de boa qualidade. A mensuração, portanto, não é apenas um fim em si mesma; ela é a chave para desbloquear melhorias substanciais em diversos aspectos do nosso negócio.

A INTELIGÊNCIA DOS DADOS

Para começar, vamos retornar ao caso do Seu João, aquele do açougue, cuja experiência compartilhamos alguns capítulos atrás. Vamos imaginar que ele já utilize algum software para armazenar suas informações de vendas, tais como os horários de pico ao longo do dia e da semana, mas ainda não consegue monitorar informações mais complexas, como as vendas feitas por telefone.

Sem uma parametrização no sistema, o açougue ainda não registra adequadamente as televendas, impedindo um acompanhamento mais completo do desempenho da loja. Há um palpite interno de que cerca de 20% das vendas são realizadas por telefone; no entanto, trata-se apenas de uma percepção intuitiva baseada em suposições, sem fundamentação real.

O problema é que, às vezes, essas intuições podem estar completamente equivocadas, direcionando a liderança a tomar decisões não aderentes à realidade. Para evitar isso, é importante para seu João ajustar seu CRM e começar a registrar respostas para perguntas específicas: quantas vendas foram feitas por telefone esta semana? Quais os produtos de maior saída nesse canal? Esses clientes são os mesmos que também compram diretamente no balcão da loja?

Com esses números concretos, podemos fazer projeções mais assertivas, inclusive sobre investimentos futuros. Se antes pensávamos que tínhamos cinco vendas por telefone a cada semana, mas na verdade descobrimos que são 15, isso representa três vezes mais. Podemos, então, analisar o ticket médio dessas 15 e calcular o valor total gerado.

No monitoramento, também percebemos que, quando as pessoas fazem pedidos por telefone, o volume de compra é maior. Isso nos leva a pensar em explorar novas possibilidades, como oferecer um desconto na próxima venda por telefone para os clientes que normalmente compram na loja — o que ajuda a reduzir os custos, já que o atendimento remoto tende a ser mais barato por exigir menos funcionários no ponto de venda.

Outro ponto de melhoria pode ser a qualidade do atendimento por telefone, com a opção de entrega dos produtos na casa dos clientes para criar uma experiência diferenciada e, assim, fidelizá-los.

Dados inteligentes representam importantes oportunidades para quem estiver atento. No caso de Seu João, ao analisar o histórico de vendas de sua equipe, ele pode descobrir que as tardes das quartas-feiras são os períodos de menor volume de televendas. Por que não, portanto, aproveitar esse horário de "folga" para preparar os pedidos que chegaram durante a manhã e, assim, liberar mais recursos para atender os clientes presenciais à noite? Esse é um tipo de mudança no processo que acelera a eficiência e a organização do trabalho.

MENOS **TEMPO**, MAIS **PRODUTIVIDADE**

Um dos critérios mais comuns para acompanhamento em uma jornada de transformação digital é o fator "tempo", ou seja, a diminuição do tempo necessário para a execução de uma determinada atividade. Ao considerarmos um processo que anteriormente era executado de maneira manual, exigindo um grande número de pessoas e um esforço significativo, precisamos medir o que mudou com a automação.

Por exemplo, se antes era preciso uma semana inteira para um processo ser concluído e agora pode ser realizado em minutos, temos um indicador relevante para avaliar o impacto positivo do investimento em tecnologia.

Para ilustrar, vamos comparar um processo de assinatura de contratos em dois momentos: um manual e um digital. No primeiro caso, é preciso escrever a minuta, validar o conteúdo, imprimir o documento, coletar assinaturas e entregar cópias para as partes envolvidas. Com boa perspectiva, isso levaria algumas horas (ou dias) para ser finalizado.

UM DOS CRITÉRIOS MAIS COMUNS PARA ACOMPANHAMENTO EM UMA JORNADA DE TRANSFORMAÇÃO DIGITAL É O FATOR "TEMPO", OU SEJA, A DIMINUIÇÃO DO TEMPO NECESSÁRIO PARA A EXECUÇÃO DE UMA DETERMINADA ATIVIDADE.

Já no formato digital, em plataformas de assinatura eletrônica, basta elaborar o conteúdo da minuta, coletar a validação das partes e salvar o arquivo em PDF. Tudo isso em apenas poucos minutos, gerando uma grande economia de tempo para os profissionais atrelados ao processo.

A grande vantagem que isso sinaliza é o fato de que, quando somos capazes de automatizar tarefas e utilizar ferramentas avançadas para agilizar processos, ganhamos mais espaço para focar em tarefas estratégicas e criativas. Essa é uma prova concreta de como a tecnologia pode potencializar a produtividade e nos permitir atingir resultados mais rapidamente, otimizando cada aspecto do nosso trabalho.

Esse mesmo indicador (tempo) também pode ser aplicado, por exemplo, a uma transportadora que está implementando a transformação digital em seus processos. Desde que o mapeamento dos dados começou a ser realizado por meio de uma plataforma específica para o segmento, a empresa passou a ter controle sobre fatores como distância das rotas e tempo de estrada. Agora, a gestão tem total segurança para afirmar quantos minutos são necessários para sua frota percorrer um quilômetro em diferentes estados do país.

> QUANDO MENSURAMOS A VELOCIDADE COM QUE EXECUTAMOS UM PROCESSO, PERCEBEMOS QUE ESSE RITMO ESTÁ DIRETAMENTE LIGADO À PRODUTIVIDADE.

Essas informações foram essenciais para que a empresa estabelecesse um mapa preciso de entregas, eliminando desperdício de tempo e erros humanos. Se um motorista afirma, por exemplo, que leva 50% mais tempo do que a média, significa que algo está errado, pois os dados contradizem essa afirmação. Ao coletar informações básicas, como horários de saída e chegada, é possível validar automaticamente as informações dos motoristas por meio de sistemas de GPS.

Quando mensuramos a velocidade com que executamos um processo, percebemos que esse ritmo está diretamente ligado à produtividade. No contexto de vendas, isso envolve a equação “tempo de um vendedor em operação” x “tempo gasto em tarefas administrativas”.

Em outras palavras, para um vendedor, quanto mais vender, mais produtivo ele se sente. Do mesmo modo, quanto mais tarefas administrativas o afastarem do core de sua atividade, mais improdutivo ele se torna.

Uma maneira de equilibrar esse estado é, por meio da tecnologia, reduzir a quantidade de atividades manuais desse processo. Podemos citar como exemplo o uso de ferramentas de e-mail marketing para realizar o pós-venda junto aos clientes. Desse modo, o vendedor pode programar o envio de mensagens periódicas para acompanhar o cliente e criar com ele um relacionamento próximo. A economia de tempo, nesse caso, pode ser revertida em mais ações para trazer novos clientes para a empresa.

VELOCIDADE DE IMPLEMENTAÇÃO DE TECNOLOGIAS

Além do fator "tempo", existem outras métricas que avaliam a efetividade da transformação digital dentro das empresas. Elas estão ligadas à velocidade de implementação de uma nova tecnologia.

Antes de entrar nesse mérito, porém, vale reforçar que não há uma coisa única chamada de transformação digital. Esse estado de mudança na cultura de uma organização pelo viés da tecnologia é composto por vários projetos que vão gradativamente convertendo o negócio de analógico/manual para digital. E quanto mais rápido a empresa conseguir estabelecer agilidade na execução desses projetos, mais rápido veremos a transformação acontecer.

Isso inclui escopos consistentes, com começo, meio e fim, e prazos bem definidos para cada etapa, desde o planejamento até a implementação e entrega — além, obviamente, de um acompanhamento da execução das ações para que tudo ocorra conforme o esperado.

Vale destacar que, apesar de existirem melhores práticas e métodos para executar projetos, a verdadeira expertise vem da experiência. Podemos comparar isso com a construção de uma casa: se alguém pergunta a um engenheiro experiente quanto tempo ele leva para concluir uma obra, a resposta, inevitavelmente, será "depende". Depende dos recursos disponíveis, da equipe envolvida e da complexidade do escopo específico.

Em síntese, podemos afirmar que a transformação digital é um processo gradual e contínuo, guiado por projetos bem definidos e executados com agilidade, que devem ser medidos e modificados à medida que se fizer necessário.

Outro indicador relevante é a taxa de sucesso de novos produtos ou soluções em comparação com uma situação anterior. Imagine uma empresa que vendia o mesmo produto por muitos anos e, de repente, decide explorar algo diferente. Isso envolve validar hipóteses, entender se o mercado está pronto para aceitar a novidade e, finalmente, lançar-se no mercado. Compreender a velocidade com que esse processo ocorre dentro da empresa é essencial.

Tomemos como exemplo a Câmbio Real, que nasceu da percepção de aumento no tráfego de remessas financeiras do Brasil para os Estados Unidos durante a pandemia. Até virar uma empresa de fato, a ideia foi testada, validada e preparada para entrar em operação.

Muitos empreendedores têm várias ideias, mas o verdadeiro sucesso vem quando você tira do papel, implementa o projeto e o transforma em realidade. É aí que a mensuração da velocidade de criação, inovação e implementação se torna essencial para o progresso e sucesso contínuo da transformação digital.

Outra métrica importante para o empreendedor acompanhar é a quantidade e qualidade das ideias de inovação geradas internamente. Não se trata apenas das ideias em si, mas do que efetivamente estamos fazendo de diferente: quantos projetos distintos temos em andamento, seja na área de produtos, melhorias de processos ou atendimento ao cliente.

Considerando uma empresa que está adotando novas tecnologias para se comunicar melhor com os clientes, conseguimos mensurar o tempo que cada atendente passa em uma ligação ou em um chat, seja recebendo demandas ou registrando reclamações. Isso nos permite avaliar a qualidade do atendimento e até mesmo expandir a equipe, se necessário.

Uma metodologia interessante para esse controle é adotar o SLA, da sigla em inglês Service Level Agreement, que basicamente estabelece o tempo em que devemos responder a um pedido ou realizar um processo. Por exemplo, quando alguém entra em contato conosco com uma pergunta por telefone ou e-mail, ou quando estamos conduzindo o processo de integração de um novo cliente, precisamos definir em que prazo devemos responder.

Para calcular esse SLA, sugerimos que você pense em qual é a velocidade que faz sentido para o tipo de interação que você tem com os clientes. Pode ser uma pergunta simples por e-mail, um pedido de proposta, uma dúvida por chat, etc. Uma vez que esse prazo seja definido e incorporado ao processo, se torna uma forma mensurável de avaliar o atendimento.

MARKET SHARE

Também é possível mensurar a transformação digital pelo aumento na participação de mercado e o consequente impacto nos resultados financeiros. Quando entendemos qual é o nosso market share, sabemos qual nossa porcentagem de participação em relação aos nossos concorrentes e podemos avaliar se, após o início da digitalização interna, esse espaço aumentou ou se manteve inalterado.

Para exemplificar, vamos supor que você seja dono de uma empresa de serviços em São Paulo. Se você sabe exatamente qual sua fatia em seu mercado de atuação, poderá avaliar quantas pessoas estão dispostas a gastar no seu produto ou serviço, e o tamanho do universo a ser explorado. Essa análise é crucial para determinar se já estamos em uma fase de expansão ou se ainda estamos no início, engatinhando na curva de expansão.

É essencial entender que mensurar não deve ser uma ação isolada, mas um processo constante na sua empresa. Para se manter competitivo, você precisa estar em constante evolução, entendendo melhor seus dados e tomando decisões mais informadas para o crescimento do seu negócio.

A busca por controle e organização, portanto, é uma jornada contínua, resultado do seu investimento em monitoramento permanente. E não há consultores, plataformas ou tecnologia que substitua seu papel, como líder, de olhar para a empresa sem filtro para identificar acertos e erros.

À medida que você se apropriar desse pensamento — e suas práticas reais! —, ganhará mais segurança para fazer perguntas cruciais, interpretar dados, transformar números e percepções em estratégia e ter propriedade para decidir investir nas novas tendências em tecnologia que surgem a cada momento. A seguir, vamos falar de algumas delas.

Neste capítulo, abordamos a medição do sucesso da transformação digital usando dados gerenciais para alinhar ações atuais com metas futuras. Destacamos a importância de estabelecer métricas claras, como o número de novos clientes ou aumento percentual na carteira de clientes, para monitorar o impacto das inovações tecnológicas. Ressaltamos a necessidade de acompanhar vendas e mudanças nos padrões de compra para ajustar estratégias. A análise de dados é fundamental para otimizar processos, melhorar a produtividade e garantir a qualidade do serviço, transformando a digitalização em uma ferramenta estratégica para alcançar objetivos de negócios.

Continue seu aprendizado online.

PARTE 4 |

TENDÊNCIAS QUE JÁ SÃO **REALIDADE** E **VOCÊ** NÃO PODE **FICAR** DE **FORA**

18

CAPÍTULO **18**

CIBERSEGURANÇA E PROTEÇÃO DE **DADOS** (GOVERNANÇA EM **TECNOLOGIA** DA **INFORMAÇÃO**)

CIBERSEGURANÇA E PROTEÇÃO DE **DADOS** (GOVERNANÇA EM **TECNOLOGIA** DA **INFORMAÇÃO**)

18

Um celular perdido, um computador quebrado, uma conta de e-mail hackeada: quem já vivenciou uma dessas experiências sem ter feito um backup prévio dos dados conhece de perto a dor de ver arquivos, documentos e fotos importantes sumirem para sempre num piscar de olhos. "Minha vida estava ali dentro", é o que costumamos ouvir nessas ocasiões que, infelizmente, ocorrem o tempo inteiro.

Nas empresas, não é diferente. Todos os dias, milhares de negócios — dos pequenos e médios empreendedores às grandes corporações — amargam prejuízos muitas vezes incalculáveis devido a falhas nos controles de cibersegurança. Por que isso ainda continua acontecendo, mesmo sabendo que dados são considerados o maior ativo das empresas? Simples: faltam investimentos e processos sólidos de proteção às informações.

Ainda que sejamos uma sociedade cada vez mais dependente de tecnologia digital, não existe uma consciência coletiva acerca da importância de um esforço mínimo para se proteger contra possíveis ataques cibernéticos ou falhas operacionais. É quase uma crença generalizada de "isso nunca vai acontecer comigo".

Na maioria dos casos, pessoas e empresas só se atentam para a necessidade de pensar nessas questões depois de terem sofrido as

> TODOS OS DIAS, MILHARES DE NEGÓCIOS – DOS PEQUENOS E MÉDIOS EMPREENDEDORES ÀS GRANDES CORPORAÇÕES – AMARGAM PREJUÍZOS MUITAS VEZES INCALCULÁVEIS DEVIDO A FALHAS NOS CONTROLES DE CIBERSEGURANÇA.

consequências desastrosas que a falta de cuidado acarreta, seja sequestro de dados, golpes virtuais, invasão de sistemas ou até mesmo problemas físicos em equipamentos.

De todas essas ameaças, a perda de dados de terceiros talvez seja a mais alarmante, principalmente quando conteúdos sensíveis, como números de cartão de crédito e documentos privados, estão em jogo. O vazamento desse tipo de informação pode acarretar sérias consequências, incluindo uso indevido dos dados em compras e possíveis implicações legais, de acordo com as leis aplicáveis. Para as empresas, representa também um grande risco à sua reputação e imagem.

Em 2020, a Garmin foi uma dessas vítimas. A renomada fabricante americana de relógios de monitoramento de exercícios físicos, reconhecida no cenário tecnológico mundial, se viu em apuros após um ataque hacker que afetou seu sistema de produção. Os criminosos sequestraram e bloquearam com criptografia a rede interna da empresa, que ficou sem acesso às suas próprias informações.

Durante a crise, a Garmin foi forçada a desligar seus serviços online e call centers, deixando milhares de usuários sem conexão. Estima-se que, para reverter a situação, teria sido pago cerca de US$10 milhões de resgate aos invasores.

Casos dessa natureza atestam como o crime cibernético é uma ameaça real e complexa, pois, embora não represente um risco físico direto, como um assalto, pode custar a perda de um negócio inteiro. Sem medo de errar, podemos dizer que a grande maioria dos problemas de cibersegurança dentro das empresas ocorre devido a ações humanas. Desde decisões gerenciais mal-conduzidas até erros do dia a dia, os usuários são os responsáveis por permitir que dados se percam, gerando prejuízos de diversas ordens.

São comuns, por exemplo, situações em que pessoas clicam em links suspeitos e, sem se dar conta, deixam vazar informações através de portas de servidores. Também há inúmeros casos de colaboradores que caem em golpes conhecidos como "engenharia social", nos quais golpistas cibernéticos usam técnicas psicológicas para manipular indivíduos e explorar as vulnerabilidades na segurança.

Para se proteger dessas fragilidades, é vital que os proprietários e gestores de empresas tenham conhecimento sobre esses mecanismos e implementem programas de educação continuada para conscientizar seus funcionários sobre a responsabilidade que têm nesse aspecto.

Essa curva de aprendizado engloba desde as práticas básicas de segurança — como a necessidade de manter equipamentos e sistemas atualizados com as últimas versões disponíveis no mercado — até as questões de conformidade em relação às diretrizes da empresa. Esse pensamento, que deve ser disseminado por todas as áreas, precisa ser cultivado de modo permanente para garantir que a segurança esteja presente em todos os níveis da empresa.

Também é fundamental que os profissionais estejam sempre em contato com as novidades e tendências em cibersegurança, uma vez que os hackers estão constantemente evoluindo suas técnicas e habilidades para aproveitar vulnerabilidades causadas pelos usuários.

Outro aspecto relevante a ser abordado é o conceito de responsabilidade legal. Não raro, encontramos casos de profissionais que, ao se desligarem de uma empresa, usam em benefício próprio as informações que acumularam em sua passagem pela companhia.

Essa prática deve ser combatida no dia a dia, de modo que os colaboradores compreendam que os dados produzidos e criados durante o período de trabalho pertencem à empresa. Qualquer gesto ou ação que contradiga isso pode resultar em consequências legais graves, visto que roubo de dados é considerado crime.

COMO FUNCIONA O VAZAMENTO DAS SUAS INFORMAÇÕES:

- um website que você usa é ranqueado sem você saber;
- suas credenciais são vazadas online;
- criminosos disponibilizam seus dados na dark web;
- informações sensíveis como seu endereço, contas de banco, CPF, nome, telefone, informações médicas ficam expostas;
- nos piores cenários, hackers podem roubar sua identidade e se passar por você;
- com essas informações, eles podem arruinar sua vida financeira, fazer ameaças e danificar sua reputação.

Como se proteger Dentro de um programa de educação continuada sobre cibersegurança, algumas práticas são consideradas fundamentais em ambientes corporativos. Vejamos algumas delas:

1. **Controle de senhas** – Implemente uma diretriz para revisão periódica das senhas da empresa, seja de e-mail, sistemas internos, plataformas de serviços terceirizados ou contas bancárias. As senhas devem ser complexas e conter caracteres diversos, evitando informações pessoais como datas de aniversário, telefones ou nomes de animais de estimação. Há ferramentas gratuitas na internet que testam se as senhas são fortes e se já foram vazadas para a deep web.

Com a velocidade crescente de processamento, as senhas estão se tornando mais suscetíveis a ataques de criptografia. O que costumava ser uma senha segura há meses pode não ser mais tão segura nos dias atuais, pois os processadores estão mais rápidos e conseguem quebrar códigos em um tempo muito menor do que antes.

Além disso, é importante usar a autenticação em duas etapas (two-factor authentication). Nos dias atuais, estamos quase sempre com nossos celulares em mãos, o que torna conveniente recebermos um código de acesso por meio de mensagens de texto ou aplicativos específicos para gerar e receber tokens (códigos temporários).

A caixa de entrada dos e-mails é uma forte porta de entrada para invasores, por isso, todo cuidado deve ser mantido no acesso dentro da empresa. Estabeleça uma política de acesso aos sistemas de endereço eletrônico, contendo todas as diretrizes para seu uso dentro da rede corporativa.

2. Backup é palavra de lei – Como dissemos, dados são os principais ativos de uma empresa e preservá-los deve ser uma preocupação constante, não apenas para se defender de ataques cibernéticos, mas também de eventuais erros humanos ou falhas técnicas.

Crie uma rotina para a realização de backups diários ou periódicos, e exija que todos os profissionais incorporem a necessidade dessa prática no dia a dia. Salvar os arquivos em diferentes meios (físico e na nuvem) garante que nenhuma informação importante será perdida.

3. Plano de contingência – As pessoas precisam estar cientes de como agir diante de problemas de cibersegurança. O procedimento pode variar dependendo do tipo de empresa e da área em que atua, porém, é necessário que esses passos estejam previstos e consolidados em um manual de amplo acesso a todos.

Caso perceba alguma atividade suspeita, o colaborador deve saber como se comportar e, imediatamente, acionar a equipe de tecnologia para tomar as medidas adequadas. Deixar um problema passar despercebido pode piorar a situação e afetar outras áreas da empresa.

Vale reforçar que segurança digital não é algo estático; trata-se de uma responsabilidade contínua e em constante evolução. Grandes empresas e indivíduos precisam revisar suas práticas com regularidade, seja anualmente, a cada 30 dias ou a cada 60 dias, para se manterem protegidos.

4. Criptografia de dados — Quanto mais alto o nível de segurança dentro da empresa, menor o risco de ataques de invasores cibernéticos. Sob esse aspecto, a criptografia é um fator essencial para a segurança de dados sensíveis, pois cria uma camada adicional de proteção.

A utilização de uma VPN também pode ser recomendada, pois cria um canal seguro de transmissão de dados e arquivos, blindado a invasores externos. A sigla, que significa "Virtual Private Network" — traduzida para o português como "Rede Virtual Privada" —, tem como objetivo criar uma espécie de rede particular dentro da infraestrutura da empresa ou de um ambiente específico.

Para ilustrar, costumamos usar a seguinte analogia: imagine que você está navegando na internet, conectado a servidores diversos. Agora, suponha que você queira acessar sua rede interna, como se estivesse fisicamente na sua empresa. A VPN cria um túnel de conexão direta entre você e a rede interna, mesmo utilizando internet pública; ou seja, os dados trafegam de forma segura e criptografada, evitando exposição aos riscos da internet.

Caso tenha dúvidas se sua empresa está protegida e conta com mecanismos eficientes de cibersegurança, uma possibilidade é contratar uma consultoria especializada e executar uma verificação dos controles internos. O primeiro passo dessa checagem é compreender se existe uma dinâmica estabelecida para lidar com a proteção dos dados e a prevenção de falhas humanas.

Em segundo lugar, deve-se avaliar os processos de atualização de backup e a existência (ou não) de um plano de contingência em caso de ameaças cibernéticas. Mesmo para empresas menores, é essencial ter um manual de segurança, especialmente para usuários menos experientes. Na internet, existem diversos modelos de políticas de segurança da informação que oferecem uma ideia abrangente do que pode ser implementado.

Por fim, para averiguar questões mais avançadas, podem ser utilizadas plataformas que realizam testes de penetração, buscando identificar vulnerabilidades. Ultrapassadas todas essas etapas, a empresa pode entender a capacidade de seus controles de cibersegurança e providenciar as iniciativas necessárias que, porventura, ainda não tenha adotado ou não estejam operando da maneira mais adequada.

DEU **RUIM.** E AGORA?

Se sua empresa se encontrar em meio a uma crise devido a um problema na cibersegurança, é hora de acionar um plano de recuperação. Desde já, no entanto, fica o alerta: se você não tiver uma rotina consistente de backup em prática, nenhum "antídoto" terá 100% de eficácia garantida.

> **SE SUA EMPRESA SE ENCONTRAR EM MEIO A UMA CRISE DEVIDO A UM PROBLEMA NA CIBERSEGURANÇA, É HORA DE ACIONAR UM PLANO DE RECUPERAÇÃO.**

Por isso, batemos várias vezes na tecla de que a segurança tecnológica deve ser encarada a partir de uma abordagem abrangente, que não contemple apenas ações para pensar quando algo dá errado, mas também em como prevenir problemas desde o início.

Há diversos níveis de risco envolvidos nesse contexto. No extremo, pode ocorrer um cenário em que alguém invade os servidores da empresa, rouba todos os dados, troca as senhas e você perde completamente o acesso. Basicamente, você recebe um e-mail informando que os invasores têm controle total dos seus dados, e a única maneira de recuperar o acesso é pagar um resgate.

Nessas horas, sabemos que é difícil não entrar em desespero, porém, é fundamental manter a calma e executar os passos previstos no plano de contingência. Dependendo do tipo de incidente, será necessário informar as autoridades, pois muitas vezes trata-se de um crime, independentemente de sua natureza.

As pessoas muitas vezes não compreendem intuitivamente as complexidades do mundo digital atual. Embora várias situações pareçam óbvias, ainda há um esforço humano necessário para entender completamente as nuances dessa realidade.

Precisamos lembrar ainda que todo esse cuidado que deve existir dentro das empresas vale também para a vida pessoal: dentro de casa, onde a internet das coisas já ocupa um gigantesco espaço, estamos sempre sujeitos a ameaças diversas, como invasões cibernéticas, crimes virtuais e falhas humanas, que podem resultar em perda de dados e muita dor de cabeça.

No próximo capítulo, vamos falar de mais uma tendência ligada à transformação digital: o trabalho remoto, que transformou os lares em escritórios. Todo cuidado é pouco. Vamos continuar a falar mais disso no próximo capítulo.

Neste capítulo, sublinhamos a importância da cibersegurança e proteção de dados nas empresas. Discutimos como falhas de segurança, muitas vezes por falta de investimentos adequados, podem causar grandes prejuízos e comprometer dados através de ações humanas, como cliques em links suspeitos. Usamos o caso da Garmin para exemplificar as consequências severas de ataques cibernéticos. Sugerimos práticas fundamentais para reforçar a segurança, como controle de senhas, autenticação em duas etapas, backups consistentes e planos de contingência. Enfatizamos a importância da educação contínua e adaptação a novas ameaças para proteger ativos e privacidade.

Continue seu aprendizado online.

19

CAPÍTULO **19**

AS **OPORTUNIDADES** E OS **RISCOS** DO TRABALHO **REMOTO**

AS **OPORTUNIDADES** E OS **RISCOS** DO TRABALHO **REMOTO**

19

A pandemia de Covid-19 deixou profundas marcas em nossa sociedade. Em meados de 2020, em todo o mundo, sentimos impactos na maneira como nos relacionamos, vivemos e trabalhamos. Da noite para o dia, tivemos de nos isolar uns dos outros e explorar diferentes possibilidades de convivermos à distância.

Apesar do trabalho remoto já ser uma realidade para muitas pessoas, a pandemia nos obrigou a virar essa chave e acelerou seu crescimento sem qualquer planejamento prévio. Foi assim que trouxemos os escritórios para dentro de nossas casas e aprendemos um jeito diferente de fazer negócios, independentemente da nossa área de atuação.

Passados aqueles meses críticos que marcaram a história da humanidade, essa configuração aos poucos foi se moldando à realidade de cada empresa. Muitas não se adaptaram à ausência de contato físico e voltaram atrás em suas decisões. Outras, porém, mantiveram-se fiéis ao modelo e investiram em consultorias específicas para incorporar definitivamente o trabalho remoto à sua estrutura e cultura organizacional.

A tecnologia, obviamente, teve (e tem) um papel bastante importante nesse cenário, pois foi utilizada para preencher lacunas deixadas pela falta de presença física, possibilitar uma comunicação ágil e direta entre pessoas e empresas, e manter os processos funcionando de maneira eficiente.

Neste capítulo, vamos abordar essas questões e propor uma reflexão sobre como o mundo dos negócios tem lidado com a realidade do trabalho remoto do ponto de vista da tecnologia. Vale destacar, desde já, que entendemos essa questão como uma moeda de duas faces: de um lado, donos e líderes de empresas; do outro, colaboradores. Cada um, à sua maneira, teve de se adaptar às vantagens e desvantagens desse novo modelo de organização social.

Um consenso entre as partes, no entanto, é que essa realidade veio para ficar. Apesar da resistência, das falhas e da desconfiança de muitos, hoje sabemos que trabalhar remotamente não somente é possível como pode abrir portas e janelas para infinitas possibilidades.

VANTAGEM PRINCIPAL: MAIS **QUALIDADE** DE VIDA

O principal argumento de quem defende esse modelo, do ponto de vista do colaborador, é o aumento na qualidade de vida das pessoas. A liberdade de flexibilizar o próprio tempo, trabalhar nos horários mais produtivos, evitar perder horas de deslocamento no trânsito e conviver mais de perto com os familiares são as vantagens mais apontadas nesse quesito. Tudo isso ajuda os profissionais a atuarem de modo mais leve e concentrados em suas atividades, resultando em mais produtividade para as entregas das empresas.

Do lado do empregador, podemos apontar como vantagens a redução nos custos operacionais — despesas imobiliárias, manutenção predial, limpeza, energia etc. — e a possibilidade de contratar pessoas de qualquer lugar do mundo, o que dá acesso a um leque infinito de profissionais qualificados.

Outro aspecto positivo relevante está relacionado à sustentabilidade devido à redução da pegada de carbono e do consumo, uma vez que a transição para o trabalho remoto elimina a necessidade de dois espaços físicos, restringindo-se apenas à residência do funcionário.

Para concluir, enxergamos os benefícios do trabalho remoto em duas vertentes: o poder de escalabilidade e crescimento. Isso abrange todas as dimensões que discutimos, desde a flexibilidade até as oportunidades de desenvolvimento pessoal e profissional. A pandemia acelerou essa tendência, e a capacidade de alcançar pessoas globalmente se tornou ainda mais evidente.

> CONFORME A TECNOLOGIA CONTINUA A EVOLUIR, ACREDITAMOS QUE TEREMOS CADA VEZ MAIS LIBERDADE PARA ESCOLHER ONDE E COM QUEM TRABALHAR

Acreditamos que esse poder de escala é uma trajetória sem retorno. Sempre almejamos a capacidade de trabalhar em diferentes partes do mundo, de voltar ao Brasil e manter conexões com parentes e clientes. A tecnologia fez isso ser possível, especialmente com avanços como a computação distribuída, que permite a troca de dados em tempo real em qualquer lugar.

Conforme a tecnologia continua a evoluir, acreditamos que teremos cada vez mais liberdade para escolher onde e com quem trabalhar, e em quais projetos nos envolver. Isso representa uma jornada emocionante em direção a um futuro mais flexível e globalizado.

DESVANTAGENS: SOBRECARGA E **ISOLAMENTO** SOCIAL

Por outro lado, há quem contrarie essa visão e enxergue o trabalho remoto como um peso para o empregado, porque torna bastante tênue o limite entre a sala de casa e o escritório, podendo se transformar em uma espécie de armadilha velada.

Durante a pandemia, foram comuns os relatos de gente que dizia ter trabalhado duas vezes mais que o habitual e em horários antes impensáveis para o serviço, sem pausa até mesmo para fazer

> APESAR DE TODAS AS VANTAGENS DO TRABALHO REMOTO, HÁ ALGO QUE QUASE TODO MUNDO CONCORDA: FICAR SOZINHO O TEMPO INTEIRO PODE SE TORNAR GATILHO, EM LONGO PRAZO, PARA UM CERTO GRAU DE ISOLAMENTO SOCIAL, COM CONSEQUÊNCIAS PARA A SAÚDE MENTAL.

corretamente todas as refeições. Para essas pessoas, o home office foi um grande desafio, pois impactou sobretudo nas relações pessoais e na rotina da família.

Uma maneira para lidar melhor com essa questão é criar uma divisão física dos dois ambientes. Se possível, ter um espaço exclusivo para o trabalho, onde você esteja presente apenas durante o horário de expediente. Quando não estiver nesse local, é importante não ficar pensando em questões profissionais para garantir uma boa qualidade de vida pessoal.

Além disso, apesar de todas as vantagens do trabalho remoto, há algo que quase todo mundo concorda: ficar sozinho o tempo inteiro pode se tornar gatilho, em longo prazo, para um certo grau de isolamento social, com consequências para a saúde mental.

Embora tenhamos milhares de ferramentas disponíveis para auxiliar na organização à distância, como o Miro e o Trello, que permitem fazer workshops virtuais, ainda não encontramos uma maneira de substituir a dinâmica e o foco que podem ser alcançados em reuniões presenciais. Falta o olho no olho, a interação em uma lousa para compartilhar impressões e criar ideias de modo mais dinâmico.

Um jeito para minimizar essa ausência é realizar happy hours online e outras atividades conjuntas para manter a conexão entre a equipe e contrabalançar esses dois universos. Isso nos leva a crer que, em vez do trabalho 100% remoto, a exemplo de como tivemos de permanecer durante a pandemia, o futuro aponta para um modelo híbrido, com encontros presenciais estratégicos (workshops) capazes de preencher os espaços deixados em branco pela falta de interação humana. Esse seria um caminho inteligente para equilibrar essa conta e manter viva a interação humana, cuja falta pode levar à solidão e à desconexão social.

> **O TRABALHO REMOTO SÓ PODE SER VIÁVEL SE HOUVER UMA LIDERANÇA FORTE,**

Diante dessas duas perspectivas sobre o trabalho remoto, acreditamos que esse formato talvez não seja uma realidade para qualquer perfil profissional. Para conseguir atuar à distância com produtividade e tranquilidade, é fundamental saber exercer limites e manter o foco no que precisa ser feito.

Além disso, o colaborador deve ter atitude empreendedora e estar fortemente comprometido com os resultados da empresa, pois algumas pessoas não conseguem produzir, a menos que estejam em um ambiente onde sejam pressionadas a executar suas tarefas.

Na prática, porém, o trabalho remoto só pode ser viável se houver uma liderança forte, preparada e firme para mudar a cultura organizacional, colocando como prioridade a saúde mental dos seus colaboradores. Essa pauta, inclusive, nunca teve tanta evidência como nos dias atuais, em que milhares de pessoas, cada vez mais, estão sofrendo com ansiedade, depressão, síndrome do pânico e burnout.

> **PRECISAMOS TODOS ESTAR ATENTOS AO NOSSO BEM-ESTAR E AO DE NOSSAS EQUIPES, BUSCANDO O EQUILÍBRIO ENTRE ALCANÇAR BONS RESULTADOS SEM SOBRECARREGAR NINGUÉM.**

Esse crescimento é reflexo de uma sociedade que vive acelerada, sob infinitas demandas e estresse contínuo. Precisamos todos estar atentos ao nosso bem-estar e ao de nossas equipes, buscando o equilíbrio entre alcançar bons resultados sem sobrecarregar ninguém.

Essas decisões abrangem questões culturais, definição de perfis, tolerância a riscos, treinamento e investimentos em tecnologia. Entender esse contexto é fundamental para empreendedores, especialmente aqueles cujas empresas estão passando por transformação digital.

BOAS PRÁTICAS

O requisito principal para viabilizar o trabalho remoto em qualquer tipo de empresa é um bom fluxo de comunicação. Por estarem distantes fisicamente, as pessoas precisam se fazer entender de forma clara, direta e com o mínimo de ruídos possível para evitar interpretações equivocadas e outros problemas capazes de gerar um impacto nos processos.

Também é fundamental estabelecer expectativas claras de todas as partes envolvidas nas atividades, de preferência, documentando as informações, que devem estar acessíveis conforme as necessidades de acesso.

No que diz respeito às ferramentas de colaboração, existem várias plataformas disponíveis, a exemplo do Google Workspace, que nos permite compartilhar documentos e rastrear alterações, Discord, Teams, Slack e várias outras.

Em relação ao suporte tecnológico, é importante fornecer acesso seguro à rede da empresa por meio de VPNs para garantir a proteção dos dados. Políticas de segurança são essenciais, incluindo a troca regular de senhas e a atenção aos canais de comunicação utilizados para transmitir informações sensíveis.

Em um modelo de trabalho remoto, a segurança é um ponto que merece muita atenção. Quando se trata de proteger e fortalecer informações confidenciais, surgem questões cruciais sobre quais colaboradores devem estar internamente e quais recursos externos podem nos apoiar. Isso envolve uma série de decisões, muitas das quais foram abordadas no capítulo anterior.

Por exemplo, ao considerar a segurança de dados, algumas empresas podem hesitar em investir em equipamentos para seus colaboradores, argumentando que eles já possuem computadores pessoais em casa. No entanto, isso levanta a questão de quem detém a propriedade dessas informações. Para resolver isso, é essencial criar políticas claras de acesso e proteção de dados.

Todas essas práticas devem fazer parte de um treinamento contínuo, que ensine e atualize as pessoas sobre como se organizar melhor em suas casas, mantendo o foco, a produtividade, a integração com o ambiente da empresa, a segurança dos dados e, sobretudo, os cuidados com a própria saúde mental.

Outro ponto que merece atenção dentro das boas práticas é o processo de contratação. Acreditamos que, hoje em dia, as qualidades essenciais de um empregado não mudaram significativamente. Ainda valorizamos pessoas com iniciativa, habilidades de comunicação, inteligência emocional e qualificações técnicas sólidas em suas áreas.

No entanto, diante da realidade do trabalho remoto, precisamos reforçar a importância das soft skills e de valores como integridade, capacidade de colaboração e autonomia, que estão se tornando cada vez mais necessárias com o aumento do trabalho remoto — e devem ser percebidas desde o primeiro dia de trabalho do profissional.

Sabemos que corrigir erros de contratação não é fácil e é custoso para as empresas, por terem investido tempo, energia e recursos para a ambientação e capacitação de quem é novo. Portanto, durante as entrevistas e dinâmicas, a área de Recursos Humanos deve fazer perguntas específicas que avaliem a habilidade do candidato de trabalhar de forma remota e ser capaz de performar bem em suas atividades, seja remoto ou presencialmente.

Desde o início, a empresa deve comunicar quais são as expectativas em relação ao profissional com seriedade e transparência. Cada pessoa deve saber o que é esperado dela, com metas e objetivos claros. No entanto, também acreditamos em deixar espaço para colaboração e novas oportunidades. Por exemplo, quando contratamos alguém para um determinado papel, ele ou ela tem responsabilidades bem definidas, mas também encorajamos a participação em outras áreas e o compartilhamento de ideias.

Isso significa que uma pessoa de compliance, por exemplo, pode contribuir para um projeto de TI ou sugerir melhorias em uma campanha de marketing. Essa mistura de responsabilidade e liberdade para participar de projetos fora do escopo de trabalho direto cria uma cultura de colaboração e independência que beneficia a todos na empresa.

O futuro do trabalho

Quando o trabalho remoto funciona adequadamente, muitos aspectos no negócio se tornam mais horizontais. Isso significa que o acesso entre as pessoas é menos formal, permitindo mais interação entre diferentes níveis hierárquicos e diminuindo a distância entre a base e a liderança.

A forma de liderar também passou por mudanças importantes na história recente. No passado, tínhamos a figura de chefes que se destacavam usando sua autoridade e se impondo pelo poder de seu cargo, principalmente em ambientes de trabalho presenciais. Hoje em dia, esse tipo de liderança, baseada em comando e controle, não faz mais sentido, pois não engaja os colaboradores e dificulta a resolução de conflitos, ainda mais num contexto de times virtuais.

Estamos vivenciando uma transição de eras, com pessoas de diferentes idades e experiências profissionais, e não há uma única maneira certa ou errada de liderar ou se comunicar. A negociação é a palavra de ordem. Portanto, mais do que nunca, faz-se necessário buscar o aprendizado contínuo para se adaptar e melhorar constantemente, acompanhando as novas tendências e dinâmicas do mercado.

Não existe um modelo único de organização a ser copiado; em vez disso, cada empresa deve analisar todas as áreas abordadas nos capítulos anteriores e tomar decisões adequadas à sua jornada, visando criar um ambiente de colaboração saudável e maximizar o uso eficiente dos recursos disponíveis.

A tecnologia tem um papel fundamental nesse cenário de transformação, pois está possibilitando que profissionais desempenhem funções remotamente em áreas que antes pareciam impensáveis, como a operação de máquinas pesadas ou procedimentos cirúrgicos. Isso demonstra como a revolução digital pode abrir canais para novas formas de trabalho, mesmo em setores que antes dependiam exclusivamente da presença física.

O futuro do trabalho está se tornando cada vez mais digital e descentralizado. Se conseguirmos nos adaptar a esse movimento de constante evolução, estaremos mais bem preparados para competir em um mundo que mudou drasticamente e está trazendo para o nosso dia a dia novas tecnologias como o *blockchain* e a web3 — mas isso será o tema do próximo capítulo.

A pandemia de Covid-19 impulsionou o trabalho remoto, alterando as dinâmicas de trabalho. Neste capítulo discutimos seus benefícios, como qualidade de vida e flexibilidade, e desafios, incluindo isolamento social e dificuldade em separar trabalho e vida pessoal. Propomos um modelo híbrido que une trabalho remoto a encontros presenciais para manter a conexão humana. Enfatizamos a necessidade de liderança eficaz e uma cultura organizacional que suporte o bem-estar dos colaboradores. O futuro do trabalho aponta para um ambiente mais digital e descentralizado, requerendo adaptações para balancear seus benefícios e riscos.

Continue seu aprendizado online.

CAPÍTULO **20**

AS **OPORTUNIDADES** DO BLOCKCHAIN E **WEB3**

AS **OPORTUNIDADES** DO BLOCKCHAIN E **WEB3**

20

Quando a internet foi criada, a intenção era interligar computadores e compartilhar dados. Esse tipo de conexão teve origem na década de 1970 com o surgimento da ARPANET, uma rede de comunicação desenvolvida pelos militares nos Estados Unidos. Inicialmente, era apenas um meio de permitir que centros de pesquisa que participavam de projetos em comum pudessem trocar informações e compartilhar recursos.

O objetivo foi atingido, mas, ao longo dos anos, a rede se transformou em algo muito maior, e essa visão evoluiu para a ideia de compartilhamento de informações entre computadores interligados em todo o mundo.

Por muito tempo, essa estrutura permaneceu inalterada. Apesar das inovações constantes, interceptar dados durante a transferência de informações de uma máquina para outra sempre foi relativamente possível por meio de ações hackers. Diante da insegurança, pesquisadores de tecnologia investiram esforços, durante anos, para desenvolver iniciativas de combate a esses ataques.

Até que entraram em cena os protocolos, um tipo de tecnologia que "empacota" as informações antes de transferi-las de um computador para o outro, carregando dentro deles tokens capazes de validar sua origem e garantir autorização na entrega desses dados. Na prática, imagine que o protocolo é uma caixa na qual você empacota dados, tal como um arquivo do tipo zip. Se essa "encomenda" for interceptada por alguém, a pessoa terá de abrir o pacote caso deseje visualizar seu conteúdo.

O blockchain é um desses tipos de protocolo de segurança que veio como uma evolução da internet que conhecemos até então. O princípio é o mesmo — envolver computadores para trocar informações —, no entanto, em vez de usar a infraestrutura padrão de comunicação da internet, o blockchain adiciona uma camada sobre ela, redesenhando a maneira como a troca ocorre: os dados são empacotados em blocos e organizados sequencialmente em uma cadeia de blocos, daí o nome blockchain.

O surgimento da internet remodelou muitos aspectos de nossas vidas, desde a comunicação e o consumo até a educação e as transações financeiras. Na era digital, a maioria das transações monetárias do mundo, seja em reais brasileiros, dólares americanos ou yuans chineses, ocorre online.

Com o advento da internet, a natureza do dinheiro evoluiu rapidamente, passando de tangível para virtual. Isso levanta questões importantes: Que valor pode ser atribuído ao dinheiro que é totalmente digital? Como podemos confiar em uma moeda virtual que pode ser alterada com alguns cliques? E como podemos garantir que nossas transações financeiras permaneçam seguras?

Estamos nos estágios iniciais de uma revolução tecnológica que está alterando fundamentalmente uma das tecnologias mais antigas da humanidade: o dinheiro. O uso desse novo dinheiro digital ainda é desafiador, compreendido por apenas uma pequena parte da população, e promete mudanças significativas para o mundo.

Em um futuro onde o dinheiro físico poderia desaparecer, criptomoedas como o Bitcoin oferecem uma maneira de manter a privacidade das transações financeiras. À medida que navegamos nesta transição, é crucial abordar essas incertezas e construir um sistema financeiro digital confiável.

Para que essa transformação ocorra, é essencial desenvolver uma nova infraestrutura de computadores interconectados, complementada por uma camada inovadora de segurança. Esse é, fundamentalmente, o papel da blockchain.

O que diferencia o blockchain dos demais protocolos de segurança é a velocidade com que os blocos (blocks em inglês) com dados e informações são criados e o fator de criptografia aplicada a eles. Para se ter ideia, um novo bloco de dados é criado a cada 8 segundos, empurrando "a corrente" (chain em inglês) adiante. A criptografia utilizada é tão forte que, mesmo que alguém intercepte um bloco, é praticamente impossível descodificá-lo em tempo hábil.

BLOCKCHAIN NA **VIDA** REAL

Por que isso é importante para você que é um empreendedor ou gestor de uma pequena ou média empresa? Porque o blockchain, além de oferecer um nível de segurança incomparável, também torna possível a descentralização. Isso significa que as transações não dependem de uma autoridade central para serem confirmadas, mas podem ocorrer "de um para um", e isso pode ter implicações significativas para vários setores e modelos de negócios.

Para entender melhor, imagine que, na internet, você tem um provedor de serviços (ISP) ou servidor de entrada, nos quais as trocas acontecem. Os dados trafegam pela infraestrutura da internet, e cada país tem suas próprias regras e legislação para controlar o tráfego

> A TECNOLOGIA BLOCKCHAIN ESTÁ PROMOVENDO A DESCENTRALIZAÇÃO, ELIMINANDO INTERMEDIÁRIOS E PROMOVENDO A CONFIANÇA NA TROCA DE INFORMAÇÕES POR MEIO DE UMA ESPÉCIE DE "CONTRATO INTELIGENTE" (SMART CONTRACT).

de informações — no Brasil, esse papel é exercido pelo Comitê Gestor da Internet.

Quando você atravessa as fronteiras e vai para outros países, os dados precisam passar por gateways, que atuam como controladores da entrada de informações. Por exemplo, a China tem um alto nível de centralização e controle sobre o tráfego de internet de tudo o que entra no país.

Atualmente, na maioria dos casos, a internet é baseada em um modelo centralizado. No entanto, a tecnologia blockchain está promovendo a descentralização, eliminando intermediários e promovendo a confiança na troca de informações por meio de uma espécie de "contrato inteligente" (Smart Contract).

Você pode, por exemplo, compartilhar informações pessoais com outra pessoa para realizar uma transação. Por meio da blockchain, você pode autorizar essa transação, e um contrato inteligente é criado para validar a negociação. Ambas as partes envolvidas recebem uma cópia do contrato e a transação é registrada em um livro de registros. Esse livro de registros é importante porque valida todas as transações na rede, proporcionando transparência e legalidade no que é negociado.

Hoje, se você é uma empresa que lida com transações imobiliárias, como a venda de casas, pode utilizar a tecnologia blockchain para simplificar e agilizar o processo, criando contratos inteligentes para definir as regras da transação.

> A BLOCKCHAIN OFERECE SEGURANÇA, DESCENTRALIZAÇÃO E TRANSPARÊNCIA NAS TRANSAÇÕES DE INFORMAÇÕES.

Do ponto de vista do comprador, ao receber esse contrato, ele pode validá-lo verificando se a escritura pertence à pessoa correta, se o CPF está válido e se ele tem os recursos financeiros necessários. Todo esse processo, que antes era manual e demorado, torna-se digital e eficiente quando utilizado na blockchain.

A transparência é outra característica fundamental da blockchain. A prova de que a transferência ocorreu fica registrada e é visível para todos. Antigamente, para obter essa mesma informação, era necessário recorrer a empresas centralizadas que detinham esses registros.

Em resumo, a blockchain oferece segurança, descentralização e transparência nas transações de informações, eliminando a necessidade de intermediários e permitindo que os dados sejam registrados de forma confiável na rede.

ALGUNS ENTRAVES

Apesar de parecer futurista, a tecnologia blockchain está muito avançada e pronta para uso em diversas aplicações. No entanto, uma das dificuldades que enfrentamos é quando se trata de transferência de valores entre diferentes países, o chamado "cross-border".

Para dar um exemplo mais simples, se estamos transferindo um ativo físico, como um carro, de um país para outro, isso pode ser feito de maneira relativamente fácil, pois não envolve dinheiro. Da mesma forma, contratos que normalmente são em papel podem ser transferidos de forma digital sem grandes problemas quando estão dentro da legislação de um país.

Já quando se trata de transferir dinheiro de um país para outro, usando criptomoedas, por exemplo, a situação fica mais complexa. As criptomoedas são uma forma de dinheiro na blockchain, e quando você transfere dinheiro dessa maneira, está essencialmente contornando o governo local e o sistema financeiro tradicional.

Muitos governos não desejam que moedas não-oficiais circulem em seu território, pois isso pode afetar a estabilidade de sua moeda local. Portanto, eles têm imposto regulamentações rigorosas para bloquear essas transações.

Portanto, embora a tecnologia blockchain esteja pronta e disponível, sua utilização ainda é limitada devido às restrições governamentais, especialmente quando se trata de transferência de dinheiro entre fronteiras. O caminho a percorrer será longo, porém, acreditamos que esse também não terá mais volta, pois o blockchain, cedo ou tarde, será incorporado aos novos modelos de negócios.

A **EVOLUÇÃO** DA INTERNET ATÉ A **WEB3**

Dentro do arcabouço de conceitos que a blockchain carrega, vale reforçar um debate cuja bola levantamos lá atrás no capítulo 6: a evolução da internet.

Na primeira fase da internet, a Web1, tínhamos uma teia de informações estáticas interligadas. Sem muita sofisticação ou alcance de massa, era apenas o início de uma maneira de comunicação virtual. Foi nessa época que ocorreu o boom de páginas pessoais (homepages) e blogs, criadas em plataformas como Blogger.com, WordPress ou Squarespace, nas quais usuários "comuns" faziam publicações que eram compartilhadas com outras pessoas por meio de URLs.

O passo seguinte foi a evolução para a Web2, que abriu as fronteiras das redes de interações sociais, conectando, dessa vez, os usuários entre si. Plataformas de mídia social como Facebook, Instagram, Twitter e LinkedIn experimentaram uma explosão de acessos, com milhares de posts sendo publicados a cada minuto, baseados em algoritmos gerenciados por empresas de tecnologia.

Verbos como curtir e compartilhar passaram a fazer parte do vocabulário contemporâneo, e se entranharam nas relações sociais entre indivíduos de todas as partes do mundo. Chegamos ao ponto em que não estar nas redes sociais não é sequer mais uma opção, principalmente quando estamos falando de pequenas e médias empresas que não dispõem de grandes orçamentos em marketing e publicidade.

No entanto, essa fase, na qual ainda estamos mergulhados enquanto provavelmente você lê este livro, já começa a sinalizar que, muito em breve, passará por outra revolução. Assim como a Web2 adicionou uma nova camada à partilha de informações, a Web3 vem surgindo como mais um marco dessa jornada digital, promovendo a troca de dados de maneira descentralizada e com total transparência.

Na consolidação dessa nova geração da Web, ainda em curso, os dados serão interconectados sem o controle e a mediação de "governos", de modo que máquinas e usuários poderão se conectar e interagir entre si sem intermediários.

Não queremos dizer, no entanto, que essa mudança é linear, pois outras tecnologias, como blockchain, inteligência artificial (principalmente do tipo machine learning) e Internet das Coisas fazem parte desse movimento que está em franca construção.

Então, antes de achar que isso é modernidade demais para você, lembre-se dos monitores antigos e dos aparelhos de celular tipo "tijolo", e esteja aberto a conhecer as inovações que despontam todos os dias, como o metaverso, a realidade virtual e a realidade aumentada, temas do nosso próximo capítulo. Sem ansiedade, porém, com curiosidade e atenção. Cedo ou tarde, você vai se alegrar por ter aprendido mais enquanto tudo era novidade, sem precisar correr para chegar aonde seus concorrentes já chegaram.

Neste capítulo, abordamos blockchain e Web3, destacando suas influências na segurança e descentralização da internet. O blockchain facilita transações seguras e diretas sem intermediários, enquanto a Web3 expande essa descentralização, conectando usuários e máquinas diretamente. Discutimos vantagens como segurança e eficiência e desafios como regulamentações e aceitação de criptomoedas. Enfatizamos a necessidade de acompanhar essas inovações que estão redefinindo o futuro dos negócios e interações sociais.

Continue seu aprendizado online.

CAPÍTULO **21**

O QUE **VEM POR AÍ:** TENDÊNCIAS EM **TECNOLOGIA** E COMO **FICAR POR DENTRO** DELAS

O QUE **VEM POR AÍ:** TENDÊNCIAS EM **TECNOLOGIA** E COMO **FICAR POR DENTRO** DELAS

21

Você certamente já ouviu falar de termos como realidade virtual, realidade aumentada e metaverso. Embora, a princípio, possam parecer sinônimos, cada um deles tem significado próprio e, mais do que nunca, estão presentes nas rodas de conversa e postagens em redes sociais.

Nesse momento, você pode estar pensando que tudo isso é papo de especialistas e nerds em tecnologia e algo pouco aplicável no cotidiano das pequenas e médias empresas. Talvez você tenha uma certa razão, considerando o momento atual. Entretanto, conhecer um pouco desse universo ajudará você a estar aberto às novidades e a futuramente, quem sabe, experimentar inovações que não demorarão a chegar com força. Por isso, acredite, é melhor estar preparado.

Para início de conversa, vamos explicar separadamente cada uma dessas tecnologias e o que elas fazem na prática. A mais conhecida das três, a realidade virtual (conhecida pela sigla em inglês VR), nada mais é do que a tecnologia que permite a imersão completa em um ambiente virtual por meio do uso de aparatos tecnológicos, como óculos e capacetes, fazendo com que o usuário não perceba o mundo real enquanto está imerso.

Como o próprio nome sugere, trata-se de uma realidade totalmente artificial, embora seja semelhante ao ambiente verdadeiro.

Jogos de videogame nos quais os usuários se sentem imersos em um universo paralelo ou um passeio virtual pelo Museu do Prado, que dá a sensação de experiência física real, são exemplos desse tipo de tecnologia.

A realidade aumentada (RA), por sua vez, geralmente envolve a sobreposição de imagens geradas por computador sobre a visão do mundo real capturada pela câmera de um dispositivo, criando a ilusão de que os elementos virtuais fazem parte do ambiente real. É uma maneira de combinar o mundo físico e o digital, tornando a interação mais envolvente e útil em diversas aplicações.

Um exemplo prático dessa tecnologia que se tornou bastante popular foi o jogo Pokémon Go, que projeta os famosos seres imaginários no mundo real por meio da tela do celular para que os jogadores possam interagir com os personagens.

Outra aplicação da realidade aumentada associada **à** realidade virtual que tem se disseminado é a experiência vivida na compra de móveis. Há lojas que já oferecem a possibilidade de você escolher um sofá em um aplicativo e, usando a câmera do seu telefone, posicioná-lo virtualmente na sua casa para ver como ficaria.

Na prática, o sofá que aparece no celular é uma representação digital de algo físico. Assim, estamos falando que, nesse contexto, a realidade virtual foi utilizada para criar o objeto, e, em seguida, a realidade aumentada foi empregada para fazer você interagir com esses objetos.

Traduzindo em termos mais simples, a projeção do sofá na sua sala acontece por meio de uma tecnologia que combina elementos virtuais com a imagem da sua câmera, criando a ilusão de que o sofá está lá, como se fosse um holograma. Esta tecnologia é gerada por aplicativos ou dispositivos que utilizam a realidade aumentada para sobrepor elementos digitais ao mundo real, permitindo que você os veja e interaja com eles no seu celular.

Hoje essa experiência pode soar futurista demais para algumas pessoas, mas imagine que, daqui a alguns anos, poderemos associar essas duas tecnologias como parte da nossa rotina. Por exemplo: ao entrar em um mercado, você vai olhar para os produtos e os preços já aparecerão automaticamente. Você poderá fazer perguntas, escanear produtos e interagir com essa realidade usando apenas as mãos.

Para os mais antigos, certamente isso lembrará os primeiros filmes do Robocop, nos quais o personagem via alguém e todas as informações sobre essa pessoa apareciam instantaneamente no campo de visão do robô. Estamos falando, portanto, sobre a fusão da realidade aumentada com a virtual, e isso é o melhor dos dois mundos, pois nos permite acessar informações ou monitorar ações, sem nem mesmo precisar pegar um celular ou outro dispositivo.

Por fim, temos a mais recente e complexa das três: o metaverso, que combina as tecnologias anteriores para criar um ambiente completamente virtual, compartilhado e tridimensional, onde os usuários podem explorar e interagir uns com outros por meio de avatares, gerando experiências imersivas e realistas, sem limitações.

Na prática, essa tecnologia funciona como uma nova camada da realidade que integra os mundos real e virtual. A principal diferença entre o metaverso e a internet que conhecemos hoje, acessada por meio de navegadores como Google Chrome, Firefox ou Internet Explorer, é a forma de entrada: para acessar o metaverso, você utiliza óculos de realidade virtual que proporcionam uma experiência imersiva e 360 graus, levando o cérebro a sentir que está em outra dimensão.

> É IMPORTANTE RESSALTAR QUE TUDO O QUE ESTAMOS VIVENCIANDO ATUALMENTE NO CAMPO DO METAVERSO É APENAS O INÍCIO DE UMA GRANDE REVOLUÇÃO.

É importante ressaltar que tudo o que estamos vivenciando atualmente no campo do metaverso é apenas o início de uma grande revolução. Acreditamos que a tecnologia ainda evoluirá bastante e que os dispositivos de realidade virtual atuais, muitas vezes vistos como "trambolhos", serão substituídos por soluções mais avançadas, como lentes, óculos pequenos e funcionais como aqueles que usamos no dia a dia para enxergar melhor ou outras tecnologias ainda não projetadas.

Podemos comparar esse cenário com o que vivemos no passado. Quando olhamos para trás, lembramos dos antigos desktops com CPUs gigantescas e os velhos monitores de tubo que, com o passar do tempo, foram substituídos por laptops e, posteriormente, por smartphones.

A acessibilidade à internet na palma da mão era um conceito distante há algumas décadas, que se tornou realidade. A evolução tecnológica continua, e é difícil prever como será o futuro do metaverso, porém, uma coisa é certa: ainda temos um longo caminho pela frente.

Vale ressaltar ainda que, embora seja fascinante, o metaverso também traz desafios e questões sobre como essas tecnologias afetam nosso cérebro e a percepção da realidade, por isso, precisamos estar atentos às mudanças à medida que continuamos a explorar esse novo mundo digital.

COMO O **METAVERSO** PODE **MELHORAR** A NOSSA **VIDA?**

Assim como nos questionávamos sobre a necessidade de computadores, laptops e celulares no passado, o metaverso vem para abrir um leque de ferramentas que podem melhorar nossas vidas de maneiras que ainda não conseguimos imaginar completamente.

Apesar de ser uma tecnologia ainda em desenvolvimento, já sabemos, no entanto, que o metaverso nos oferece a capacidade de realizar ações que não seriam possíveis apenas com a realidade física. Podemos aproveitar as possibilidades de imersão em ambientes virtuais para:

Exploração e Visualização: visualizar produtos, propriedades e ambientes antes de adquiri-los, o que é útil para compras online, visualização de imóveis etc.

Acesso Global: acessar eventos, locais e experiências, permitindo que você explore lugares e culturas sem sair de casa.

Treinamento e Simulação: realizar treinamentos em ambientes controlados e simulações que podem ser aplicadas em diversas áreas.

Entretenimento Avançado: criar novas possibilidades para entretenimento, como shows virtuais, esportes e experiências interativas.

Já existem soluções reais que utilizam óculos, por exemplo, no treinamento de mecânicos automotivos, combinando realidade aumentada e elementos do metaverso. Esses dispositivos permitem que os profissionais vejam as peças e interajam com elas enquanto realizam a manutenção.

Na medicina, esse recurso tem se mostrado incrivelmente útil, pois para treinar cirurgiões, é necessário simular procedimentos complexos, que exigem colocar as mãos em um corpo humano. Atualmente, existem robôs cirúrgicos controlados por joysticks, como o famoso robô da Vinci, usado com grande sucesso em cirurgias de próstata, por exemplo.

Imagine agora poder treinar cirurgiões usando realidade aumentada e virtual, de modo que todos possam praticar em corpos virtuais, girar órgãos, entender a anatomia com detalhes e até sentir a resistência de um procedimento com luvas especiais capazes de emular a força necessária para segurar objetos. Isso é incrivelmente valioso para a educação e treinamento em medicina.

Também podemos citar algumas oportunidades do metaverso aplicadas na área de produção e supply chain. A realidade aumentada já tem sido usada para treinar funcionários em processos complexos de montagem, nos quais eles podem interagir com objetos virtuais enquanto estão fisicamente no chão de fábrica. Isso pode acelerar o aprendizado e reduzir erros.

Na cadeia de suprimentos, essas tecnologias estão sendo empregadas para monitorar estoques em tempo real e otimizar o transporte e a logística. Há ainda outras possibilidades viáveis, como usar óculos de realidade aumentada para verificar o status de um pedido, ver a localização de produtos em um armazém ou até mesmo rastrear o trajeto de um caminhão de entrega.

Outro setor com grande potencial é o turismo. Hoje os hotéis são capazes de proporcionar uma experiência virtual de suas acomodações antes mesmo dos hóspedes chegarem lá. Além disso, os pontos turísticos podem ser acessados de forma mais imersiva por meio da realidade virtual.

Por último, cabe destacar o segmento dos games, considerado hoje a indústria mais avançada no mundo em termos de realidade virtual e aumentada, que consegue utilizar um forte senso de comunidade com os usuários, ampliando os negócios em níveis fenomenais.

Há alguns anos, esse universo foi incorporado ao universo das pequenas, médias e grandes empresas, que passaram a adotar o conceito de "gamificação" para engajar os colaboradores nos objetivos organizacionais. Até hoje essa estratégia tem sido utilizada e de maneira cada vez mais inteligente, agora com recursos digitais como aplicativos simples e fáceis de acessar.

O mesmo modelo continua sendo usado nos jogos para videogame e celular, que têm alcançado cifras bilionárias ao envolver os usuários nesse senso de comunidade. Dois grandes expoentes desse esquema são os jogos Fortnite e Roblox. Ambos utilizam a mentalidade empregada dos cassinos para criar uma sensação de que é preciso jogar mais para ganhar mais, além de gerar, nos jogadores, uma ansiedade de perderem algo se não estiverem conectados.

Trata-se, na verdade, da apropriação da indústria dos games dos conhecimentos da psicologia humana, explorando a dependência, o apego e o engajamento com as marcas. Nesse ponto, esse não é um exemplo positivo se você, por exemplo, tiver filhos crianças que facilmente podem se viciar nesse tipo de "entretenimento".

Como dissemos anteriormente, essas são apenas algumas das possibilidades iniciais que a realidade virtual, a realidade aumentada e o metaverso podem proporcionar. À medida que essas tecnologias evoluírem, é provável que surjam muitas outras aplicações e benefícios em nossas vidas. Entusiastas da tecnologia que somos, enxergamos uma jornada empolgante em direção ao futuro da interação humana e da transformação digital.

INFINITAS POSSIBILIDADES

Apesar de, à primeira impressão, todo esse universo ser ainda distante da realidade da maioria das pessoas, tudo já está disponível atualmente. E quem quiser — e tiver recursos — para criar algo, terá à disposição plataformas abertas. Basta compreender como funcionam e superar a dificuldade de encontrar profissionais para desenvolver projetos, pois eles ainda são escassos e caros.

> SUA CURIOSIDADE PARA QUE VOCÊ SE ESTIMULE A BUSCAR CONHECIMENTO E SEMPRE SE PERGUNTE COMO ESSES RECURSOS INOVADORES PODEM BENEFICIÁ-LO DE ALGUM MODO.

No entanto, temos uma boa notícia: criar conteúdo imersivo não é tão complicado quanto parece. Para testar, sugerimos uma experiência caseira. Você pode começar com uma câmera que capta imagens 360° e gravar vídeos simples como, por exemplo, um jantar em família. Depois, basta fazer o upload desses vídeos no YouTube, sem precisar de qualquer edição adicional. Quando você coloca os óculos de realidade virtual e acessa o vídeo no YouTube 360, verá a cena completa, como se estivesse realmente lá novamente.

É viável criar essas experiências imersivas, que permitem às pessoas ter a sensação de estarem em um determinado local ou situação, mesmo sem estarem fisicamente presentes. Essa tecnologia pode ser uma ferramenta poderosa para envolver possíveis clientes e oferecer a eles uma prévia realista de um destino ou experiência.

Como essa, há outras possibilidades simples e passíveis de serem aplicadas sem muita complexidade com o uso de realidade virtual e aumentada, para citar apenas essas duas.

Nosso objetivo neste capítulo foi despertar sua curiosidade para que você se estimule a buscar conhecimento e sempre se pergunte como esses recursos inovadores podem beneficiá-lo de algum modo.

Mais uma vez, cabe-nos dizer que você não precisa sair correndo e aprender tudo isso de uma só vez e tentar aplicá-los na sua empresa. Nosso alerta é para que se mantenha em curva constante de aprendizado, saiba acompanhar as tendências do mercado e esteja preparado para quando for o momento de dar mais um passo em sua transformação digital.

Se você chegou até aqui consciente de que a expansão (e sobrevivência) dos seus negócios depende disso, podemos dizer que você está mais do que pronto para fazer da tecnologia uma grande aliada para levar sua empresa a alçar voos muito maiores.

> MANTENHA EM CURVA CONSTANTE DE APRENDIZADO, SAIBA ACOMPANHAR AS TENDÊNCIAS DO MERCADO E ESTEJA PREPARADO PARA QUANDO FOR O MOMENTO DE DAR MAIS UM PASSO EM SUA TRANSFORMAÇÃO DIGITAL.

Neste capítulo, exploramos tendências tecnológicas emergentes como realidade virtual (VR), realidade aumentada (AR), e o metaverso, destacando seu impacto prático nos negócios. VR proporciona uma imersão completa em ambientes virtuais, enquanto AR sobreposta elementos digitais ao mundo real para enriquecer a interação. O metaverso combina essas tecnologias para criar espaços virtuais compartilhados onde interações se tornam mais ricas e realistas. As tecnologias estão se tornando acessíveis, com aplicações práticas que beneficiam empresas de todos os tamanhos. Manter-se atualizado e adaptável é crucial para aproveitar as oportunidades dessas inovações digitais.

Continue seu aprendizado online.

C

CONCLUSÃO

CONCLUSÃO

C

Sabemos que vamos dizer aqui o óbvio, mas arriscaremos ser redundantes, tamanha a força do tema: estamos passando por um período de transição na humanidade que é realmente único. A tecnologia está impulsionando essa revolução digital em uma velocidade avassaladora, tornando mais acessível para as pessoas transformarem suas ideias em soluções de negócios.

Enquanto finalizávamos a escrita desse livro no fim de 2024, testemunhamos uma mudança ainda maior: trocamos o "código" pelo "prompt". Em vez de digitar códigos manualmente, acionamos assistentes virtuais e damos comandos para criar funcionalidades que são geradas automaticamente via inteligência artificial.

Essa possibilidade mostra que, daqui para a frente, o acesso à tecnologia será mais democrático e possível, sobretudo para gestores e empreendedores de pequenas e médias empresas (PMEs), que buscam se manter atualizados com as tendências em crescimento em seus mercados de atuação.

A integração entre sistemas, algo considerado complexo e caro pelas gerações passadas, hoje pode ser realizada com conhecimentos tecnológicos relativamente limitados, desde que conheçamos a fundo nossos processos.

Ao chegar até aqui, imaginamos que você já tenha percorrido a jornada da transformação digital e se sinta mais preparado para o que está por vir. Muitos começam essa caminhada com poucos conhecimentos digitais e, ao longo do tempo, passam a se familiarizar com a tecnologia, inicialmente como consumidores e, em seguida, como usuários avançados.

O próximo passo é se perceber como um criador de soluções. Esse último estágio é onde de fato pretendemos fazer você chegar. Para isso, quanto mais problemas você resolver, e quanto mais experiências tiver, mais você avançará neste percurso. A chave está em aprender, evoluir e continuar a aproveitar as ferramentas tecnológicas disponíveis para impulsionar seus negócios.

Tudo isso converge para um tema que vem sendo amplamente debatido em nosso mundo: a exigência do mercado para que todos os profissionais, independentemente de suas áreas de atuação, tenham habilidades tecnológicas e saibam reconhecer e navegar nessas águas. Não é mais aceitável que médicos, advogados, donos de comércios e indústrias, cada um com suas especificidades, estejam alheios a essa tendência contemporânea.

E vamos além: o mundo está evoluindo a tal ponto que hoje vemos profissionais de diversos segmentos, incluindo pessoas com formação em ciências humanas e da vida, sendo contratados por grandes empresas de tecnologia. No fim, trata-se de uma grande simbiose de talentos e conhecimentos para identificar inovações, simplificar processos, encontrar soluções e obter resultados.

A **POTÊNCIA** DA CRIATIVIDADE **HUMANA**

Nessas últimas páginas, a mensagem que queremos deixar para você, nosso leitor, é de encorajamento e positividade. Esperamos ter mostrado que tudo pode ser possível se você estiver disposto a experimentar, com ânimo e curiosidade, as soluções tecnológicas ao seu redor.

Desde o início deste livro, abordamos todos os passos necessários para usar a tecnologia a seu favor, desde identificar problemas até desenhar processos e arquiteturas — este, aliás, foi um ponto repetido em diferentes contextos para que você sempre saiba como começar a resolver qualquer tipo de questão.

Os processos e os dados são algumas das riquezas mais valiosas de qualquer negócio. Eles nos proporcionam a velocidade necessária para a criação de produtos e serviços, aquisição de novos clientes e gestão ágil para fazer tudo funcionar de maneira eficaz. Portanto, ter um domínio completo de processos, dados e tecnologia mais do que nunca se tornou fundamental para o sucesso de uma empresa bem administrada.

Muitas vezes, proprietários e líderes de PMEs se sentem perdidos ou intimidados pela tecnologia. Entretanto, acreditamos que todos podem superar essas barreiras e experimentar a transformação digital para acelerar seus resultados, simplificar suas vidas e liberar mais tempo para o que realmente importa.

Nós, seres humanos, somos detentores de algo único no reino animal: a criatividade. Nosso cérebro é capaz de realizar feitos incríveis e chegar a lugares inimagináveis. Quem já descobriu essa premissa está sempre um passo à frente na ampliação das próprias habilidades, principalmente na busca por soluções. E, vale deixar claro, não estamos falando de se tornar um programador ou profissional de TI, mas de ter uma visão holística e ser capaz de entender as próprias necessidades e o que fazer para supri-las com os recursos disponíveis.

Para viver dentro desse pensamento, precisamos, antes de tudo, planejar onde estamos hoje e saber onde queremos chegar, seja no contexto de nossas carreiras ou como empreendedores. Somente a partir desse conhecimento e uma sincera transformação individual poderemos nos tornar digitalmente competentes, compreendendo a tecnologia, as habilidades de inovação e a criatividade.

> OS PROCESSOS E OS DADOS SÃO ALGUMAS DAS RIQUEZAS MAIS VALIOSAS DE QUALQUER NEGÓCIO. ELES NOS PROPORCIONAM A VELOCIDADE NECESSÁRIA PARA A CRIAÇÃO DE PRODUTOS E SERVIÇOS, AQUISIÇÃO DE NOVOS CLIENTES E GESTÃO ÁGIL PARA FAZER TUDO FUNCIONAR DE MANEIRA EFICAZ.

Se você é um leitor jovem, um nativo digital, certamente já está mais familiarizado com esse universo e tudo o que ele carrega. Por ter experimentado desde cedo as facilidades que a tecnologia coloca em nossas vidas, você possivelmente está mais habituado à velocidade do mundo moderno e aos atalhos que podemos pegar para resolver os problemas com agilidade e qualidade.

Esse tipo de conhecimento e experiência economiza tempo e recursos, permitindo que você atenda às demandas do mercado de maneira mais eficiente e inovadora. Além disso, a compreensão precoce das tecnologias também ajuda a criar soluções que se destacam no mercado digitalizado atual. Portanto, é uma vantagem significativa para quem está começando um negócio.

No entanto, se você ainda se sente como alguém que está correndo por fora desse jogo, fica nosso recado: todo tempo é tempo de aprender algo. O domínio e a compreensão das coisas e do mundo são construídos tijolo a tijolo. A coragem e a maturidade para desbravar áreas aparentemente complexas vão abrir caminhos essenciais para a formação de gestores aptos a fazer boas escolhas.

O **PONTO** DE PARTIDA

Ao longo deste livro, exploramos várias áreas de atuação dentro de uma empresa, desde vendas até finanças e recursos humanos. Sabemos que o objetivo de empreendedores e gestores é que as áreas da empresa trabalhem integradas, em sintonia, de modo que esse conjunto proporcione competitividade e resultados sólidos aos negócios.

Muitas vezes, vemos líderes tomando decisões baseadas em experiência e intuição, deixando de acionar o poder da análise de dados para traçar cenários de crescimento para suas companhias. Agir com essa espécie de cegueira é uma das maiores falhas da gestão, principalmente em um tempo no qual dados são mais facilmente captados e integrados com outras informações relevantes.

Por outro lado, uma empresa que nasce — ou se torna — digitalizada é capaz de usar todos esses recursos analíticos em seu favor, criando uma engrenagem com foco no cliente e nos resultados de curto, médio e longo prazos. A tecnologia, nesses cenários, funciona como uma potente catalisadora entre as áreas internas, pois integra os processos e as possíveis soluções.

Primeiro, a tecnologia deve ser implementada internamente, otimizando as operações da empresa. Em seguida, a organização precisa operar e se comunicar de modo eficiente com o mundo exterior. Isso envolve estratégias de marketing digital e relacionamento com foco em construir e monitorar as jornadas dos clientes.

Quando implementada de acordo com processos bem estabelecidos, a tecnologia pode estar presente desde a primeira conversa de vendas até o pagamento por meio de plataformas digitais. E quanto mais recursos adequados estiverem rodando, melhor será a comunicação, as transações e as operações internas.

No entanto, o excesso de opções no mercado pode ser esmagador. A escolha de ferramentas, como um CRM, muitas vezes é desafiadora, fazendo com que nos sintamos confusos e sem saber por onde seguir. Por isso, acreditamos que, antes mesmo de pensar em tecnologia, nosso desafio é desenvolvermos a competência digital para podermos decidir melhor — o que nos leva de volta ao ponto central de onde tudo parte: onde estamos e para onde desejamos seguir? Sem essa resposta, nenhuma transformação digital fará sentido.

VOCÊ JÁ TEM A SUA?

SUA **PRÓXIMA** LEITURA

Após ter se beneficiado das estratégias do livro **Competência Digital**, descubra em **Mentor Empreendedor** como transformar cultura, liderança e gestão. A obra vai ajudá-lo a multiplicar resultados e impulsionar o crescimento da sua empresa. Leitura essencial para líderes e empreendedores que almejam excelência.

PUBLICAÇÕES